Histoires magiques pour découvrir le monde

À Laure

Sa passion des livres, son exigence, sa sensibilité
et sa recherche constante de l'élégance habitent
encore tous les projets qu'elle a portés.

MIXTE
Papier issu de sources responsables
FSC® C014138

14 bis rue des Minimes
75003 Paris, France
www.playbac.fr

ISBN : 9782809674194
Dépôt légal : octobre 2020.
Imprimé en République Tchèque.

mini miki
DÉCOUVRE LE MONDE

Histoires magiques pour découvrir le monde

Nadja
Julie Camel

playBac

Italie

Sofia
et le cœur de cristal

Lexique

Un canal

Cours d'eau créé par les hommes
pour permettre la navigation,
à la différence d'un fleuve,
qui est naturel.

Un souffleur de verre

Artisan qui fabrique des objets en verre (vase, statuette...). Une boule de verre est chauffée dans un four et devient molle. Puis l'artisan la fixe au bout d'une canne creuse, dans laquelle il souffle pour faire grossir la boule de verre, comme un ballon. Avec des outils, il lui donne ensuite la forme qu'il souhaite.

Les Vénitiens

Nom des habitants de la ville de Venise, en Italie.

Chapitre 1

La légende de Giulia

Sofia habite à Venise, et sa maîtresse raconte souvent aux enfants l'histoire et les légendes de leur ville. Aujourd'hui, elle leur a parlé de celle de la princesse Giulia. Celle-ci était amoureuse d'un jeune soldat, Federico. Mais ses parents, riches et puissants, lui interdirent de l'épouser et le firent jeter en prison. Avant d'être emprisonné, il eut juste le temps de lui faire un cadeau, un cœur de cristal.

– C'est un cœur magique, lui dit-il. Dans un an et un jour, tu le mettras dans le premier rayon du soleil levant. Alors, nous serons réunis pour toujours.

Quand le jour tant attendu arriva, Giulia chercha le cœur qu'elle avait caché dans un coffret. Mais, en le déplaçant, quelqu'un avait fait tomber le coffret et le cœur s'était brisé en mille morceaux. Federico resta en prison, et Giulia, désespérée, mourut de chagrin.

D'après la légende, la princesse aurait vécu dans un palais de Venise que Sofia connaît bien, car elle passe devant tous les jours en rentrant de l'école. Il semble abandonné depuis toujours. Ce soir, les murs anciens, encore éclairés par le soleil, se reflètent comme dans un miroir dans l'eau particulièrement calme du **canal**. Soudain, Sofia aperçoit un mouvement dans l'image reflétée. Mais, quand elle lève les yeux, il n'y a personne derrière les hautes fenêtres. Pourtant, elle est bien sûre d'avoir vu… un visage. Elle a hâte d'en parler à ses amis, à l'école.

Mais le lendemain, à sa grande déception, personne ne la croit.

– Ha ! ha ! tu crois aux fantômes ! se moquent-ils.

Stefano, qui est pourtant son meilleur ami, rit avec les autres. Sofia a de la peine.

– Je vous dis que c'était un visage ! Et il me regardait ! crie-t-elle.

Elle ne parle plus à Stefano de la journée. À la sortie, elle part de son côté sans même lui dire au revoir. Refoulant ses larmes, elle prend un autre chemin que d'habitude, pour qu'il ne la rattrape pas.

Chapitre 2

Sofia rencontre le souffleur de verre

Sofia longe les **canaux**, traverse les petits ponts, sans même savoir où ses pas l'entraînent. Le soir est en train de tomber, et l'obscurité gagne peu à peu les ruelles étroites. L'envol d'un pigeon solitaire la sort soudain de ses pensées.

– C'est bizarre, se dit-elle en regardant autour d'elle, je ne suis jamais passée par ici.

Elle ne reconnaît pas le quartier où elle se trouve, et commence à s'inquiéter.

La rue est étrangement vide, il n'y a personne pour la renseigner. Heureusement, un peu plus loin une boutique semble encore ouverte. En s'approchant de la vitrine, Sofia entrevoit un **souffleur de verre**, éclairé par les flammes de son four. Avec sa veste de velours et ses cheveux longs, il rappelle à Sofia les personnages des tableaux d'autrefois. Sofia frappe doucement à la porte. L'homme lui fait signe d'entrer sans interrompre son travail.

– Que veux-tu, petite fille ?

Timidement, elle lui demande son chemin.

– Je dois finir mon travail. Assieds-toi là un moment, et je te raccompagnerai, lui dit-il.

Il sort une boule de verre du four et la transforme en une délicate figurine, qu'il pose parmi les autres, sous les yeux émerveillés de Sofia.
– Vois-tu quelque chose qui te plaît ? lui demande-t-il gentiment.
Sofia hésite.
– Je voudrais bien… un cœur, chuchote-t-elle.
– Un cœur ? s'exclame l'artisan. Et pourquoi cela ?
Assise sur son tabouret, Sofia lui raconte l'histoire de Giulia.
– Mmm… Un cœur magique, marmonne-t-il, tout en créant le ravissant objet, qu'il offre ensuite à Giulia.

Un peu plus tard, il l'accompagne jusqu'à l'angle de la ruelle, et lui indique le chemin. Quand elle se retourne pour le remercier, il a déjà disparu.

Elle est presque arrivée chez elle, tenant le cœur de cristal entre ses mains, quand une silhouette se détache soudain du mur. C'est Stefano. Il a l'air désolé.
– Je te demande pardon, lui dit-il. Je ne voulais pas te faire de peine.
Sofia reste silencieuse, et Stefano s'éloigne tristement.
– Attends ! dit Sofia.
Elle a décidé de lui pardonner.

Les deux enfants marchent en se tenant par la main. Sofia raconte son étrange rencontre, et Stefano admire le beau cadeau du **souffleur de verre**.
– Je crois que j'ai compris ce qui s'est passé hier, dit-il. Il y a un mur démoli derrière le jardin du palais. J'ai vu des enfants l'escalader. Ils ont dû entrer dans le palais, et c'est sûrement l'un d'eux que tu as aperçu l'autre jour. Sofia l'écoute attentivement.
– Alors, nous aussi, on peut y entrer, dit-elle, songeuse.
Comme la nuit est tombée, ils se donnent rendez-vous le lendemain, avant d'aller à l'école.

Chapitre 3

Le cœur de cristal

Tandis que le jour commence à peine, Sofia et Stefano se retrouvent devant le mur éboulé. En s'aidant l'un l'autre, ils parviennent à le gravir, et pénètrent enfin dans le beau jardin abandonné. Des rosiers ont grimpé sur les balcons délabrés, et des sculptures de pierre, rongées par les ans, se dressent parmi les herbes folles.

Une des statues est un peu à part. C'est une jeune fille, l'air désespéré, les mains serrées contre sa poitrine.
– Giulia..., murmure Sofia, bouleversée.

Sans réfléchir, elle glisse le cœur dans les mains sculptées.
– J'espère que tu retrouveras ton amour, chuchote-t-elle.
C'est alors que le soleil apparaît au-dessus des murs, et qu'un rayon vient transpercer le cœur de cristal bleuté.

À ce moment précis, sous les yeux éblouis des enfants, tout se transforme. Les murs abîmés deviennent à nouveau lisses, des fleurs magnifiques remplacent les mauvaises herbes, le marbre des statues recommence à briller. Et, lentement, les coins de la bouche de Giulia s'étirent en un sourire charmant. Le jour tout à fait levé, les **Vénitiens** découvrent avec ravissement que le palais a retrouvé sa splendeur d'antan.

Un mystère vient bientôt s'ajouter à celui-ci. Dans tous les livres qui racontaient la légende de Giulia, la fin n'est plus la même ! L'un contre l'autre, Sofia et Stefano la lisent et la relisent avec bonheur.

Lorsque le jour tant attendu arriva, après un an et un jour, Giulia sortit le cœur de sa cachette, et le brandit dans la lumière. Elle entendit alors un tintamarre. Fêté par la foule, Federico, son grand amour, se tenait sous ses fenêtres. Il était devenu le préféré du roi et venait demander la main de Giulia. Ses parents ne purent refuser, et les deux amoureux vécurent heureux jusqu'à la fin de leurs jours.

– C'est comme nous, dit Stefano à Sofia en la regardant dans les yeux. Toi et moi, nous serons amis pour la vie.

Fin

L'Italie

- **Continent : l'Europe.**
- **Capitale : Rome.**
- **Langue : l'italien.**

L'Italie est bordée par la mer Méditerranée. Elle comporte une partie **continentale** et de nombreuses **îles**, dont la Sicile et la Sardaigne. Les paysages sont variés, mais il y a beaucoup de **montagnes**. Les magnifiques villes du pays, comme Rome, Florence ou Venise, sont connues dans le monde entier. Tout comme la délicieuse **cuisine** italienne !

Un pays ami des arts et des sciences

L'Italie est célèbre pour ses architectes, ses peintres, ses sculpteurs, ses compositeurs de musique, mais aussi pour ses savants !

LE SAIS-TU ?

En Italie, des volcans sont encore en activité !

« Bonjour » se dit *Buongiorno* en italien.

La légende raconte que les couleurs du drapeau italien ont inspiré la création de la **pizza Margherita** : le vert pour le basilic, le blanc pour la mozzarella et le rouge pour la tomate !

Les gondoles sont des barques aux extrémités très fines, pilotées à l'aide d'une seule rame.

Joue avec Sofia

Trouve l'objet en cristal qui n'est pas en double :

Réponse : 4.

Au cœur de l'histoire : *Les souffleurs de verre*

Le soufflage de verre nécessite beaucoup d'habileté. La boule de verre que le souffleur recueille dans le four au bout de sa canne est **molle** : il faut tourner la canne de manière **constante et régulière** pour que le verre garde sa forme, sinon, il coule comme du caramel mou ! Tout en tournant la canne, le verrier donne la forme désirée au verre en le roulant sur une table de marbre ou en le sculptant avec des pinces. Il **souffle** dans la canne quand il souhaite agrandir l'objet en formation.

Au XIIIe siècle, les souffleurs de verre ont dû quitter Venise, dont les bâtiments en bois craignaient les incendies. Les verriers se sont installés sur une petite île à côté, appelée **Murano**. Depuis, on parle du verre de Murano pour désigner les objets en verre qu'on trouve dans les boutiques de Venise.

Les masques sont un autre artisanat célèbre de Venise.

Venise

La ville est située entre la terre ferme, à laquelle elle est réunie par un pont, et la mer, dont elle est séparée par une bande de terre ouverte en quelques points seulement. Venise est célèbre pour ses nombreux **canaux**. Elle s'étend en effet sur **118 îlots** séparés par 177 canaux, heureusement reliés par 400 ponts ! La ville est donc interdite aux voitures et ce sont les bateaux qui les remplacent. Les bateaux à moteur circulent sur les grands canaux, mais seules les **gondoles** peuvent passer dans les petits. Venise est également renommée pour la beauté de ses **palais** et de ses églises, et pour son carnaval extraordinaire, où les costumes et les masques ont l'air tout droit sortis du passé.

Australie

Victoria et le chien sauvage

Lexique

Le bush

Végétation très répandue en Australie, formée d'arbustes, de broussailles et de petits arbres.

Un eucalyptus

Arbre originaire d'Australie, parfois très grand, dont les feuilles peuvent prendre des teintes bleutées.

Les Aborigènes

Les Aborigènes sont les premiers habitants de l'Australie.

Un dingo

Chien sauvage, qui vit en Australie et dans certains pays d'Asie.

Un cacatoès

Oiseau voisin des perroquets, qui porte sur la tête une touffe de plumes souvent colorées.

Chapitre 1

Victoria se fait de nouveaux amis

Victoria vit dans le Sud-Ouest de l'Australie, dans une petite ville, au bord du **bush**. De la véranda, elle peut voir les kangourous sauter sur la terre poudreuse, entre les buissons. Au loin, de grands **eucalyptus** marquent le début de la forêt. Victoria n'ose pas aller s'y promener toute seule. Elle rêve d'avoir un chien, qui l'y accompagnerait. Mais sa mère ne veut pas en entendre parler.

Un jour, une nouvelle élève arrive à l'école. Elle s'appelle Mirrin, c'est une petite fille **aborigène**. Victoria aimerait devenir son amie, mais Mirrin est timide et ne répond pas quand elle lui parle. Ce soir-là, en rentrant, Victoria la voit pénétrer dans le jardin de la maison d'à côté.

– Mirrin ! crie-t-elle.

La petite fille se retourne calmement.

– Tu habites à côté de chez moi ? demande Victoria, toute contente. Tu veux venir jouer avec moi ?

Mirrin tourne la tête, puis entre dans la maison sans lui répondre.

– Tant pis, pense Victoria avec regret.

Sa mère n'est pas rentrée de son travail. Victoria va chercher un biscuit, qu'elle déguste dans le jardin, sous les yeux des perruches qui se disputent les miettes. Soudain, elle croit entendre un petit gémissement. Cela vient de la haie qui borde son jardin. Elle s'approche tout doucement.

Au pied des arbustes, un bébé **dingo** la regarde de ses grands yeux effrayés. Il a l'air très faible. Quand elle essaye de l'attraper, il rampe et s'enfonce dans les branches pleines d'épines.

– N'aie pas peur, je ne te ferai pas de mal, chuchote-t-elle.

Comme s'il la comprenait, le petit chien cesse de trembler, et Victoria parvient à le sortir des branchages.

Tandis que Victoria caresse le bébé chien, Mirrin passe la tête à travers la haie.
– Comment le nourrir ? Il est si petit, dit Victoria, le cœur serré.
Mirrin, silencieuse, disparaît dans les buissons. Puis elle revient, portant une grande feuille d'arbre enroulée en forme de cornet et qui contient du lait.
– C'est comme un biberon ! s'écrie Victoria, ravie.

Quand la mère de Victoria rentre, elle trouve les deux petites filles en train de prendre soin du bébé **dingo**. Elle accepte que sa fille s'en occupe un temps, avec l'aide de sa nouvelle amie.
– Mais il faudra le relâcher quand il sera plus solide, dit-elle. Les **dingos** sont des animaux sauvages, qui ont besoin de liberté.

Chapitre 2

Un gros chagrin

Jour après jour, le **dingo** prend des forces et grandit. Les petites filles lui ont donné un nom : Flash, pour qu'il soit rapide comme l'éclair.

Flash refuse d'être attaché, et Victoria a peur qu'il soit parti quand elle rentre de l'école. Mais elle le retrouve toujours, et il l'accueille en gambadant autour d'elle joyeusement.

La maman de Victoria ne parle plus de le relâcher dans la nature, et lui a même fait un petit lit près du canapé avec des coussins. Pourtant, un soir, Victoria trouve sa maman sur le perron, l'air désolé.
– Il est parti dans le **bush**, retrouver les siens, lui explique-t-elle. Il sera plus heureux ainsi, ajoute-t-elle pour la consoler.

Victoria espère pourtant que Flash reviendra. Parfois, la nuit, elle croit l'entendre galoper autour de la maison. Elle se lève alors, et fixe tristement le paysage qui s'étend jusqu'à la forêt. Elle sait qu'elle n'aura jamais le courage de partir à la recherche de son chien, à travers les ombres mystérieuses, entourée de bruits inquiétants.

Sidney

Mirrin est triste pour son amie et cherche ce qui pourrait la distraire. Alors, elle lui offre ce qu'elle a de plus précieux. C'est un rouleau d'écorce d'**eucalyptus**, que lui a donné son grand-père.
– C'est comme une feuille de papier, lui explique Mirrin. On peut dessiner dessus. Les dessins **aborigènes** sont faits avec de petits points et des lignes, parce qu'autrefois les gens de mon peuple dessinaient dans le sable avec leur doigt. Et ils ont gardé cette habitude, même lorsqu'ils utilisaient des écorces.

Sur un bout de papier, avec des feutres, elle lui montre comment faire.
– Mes ancêtres racontaient ainsi l'histoire de leur peuple, et parfois leurs rêves, ajoute-t-elle.
Mais Victoria n'a pas le cœur à dessiner.
– Tu dessineras sur l'écorce quand tu en auras vraiment envie, dit Mirrin. Mon grand-père m'a dit qu'elle est peut-être magique.

Chapitre 3

Un rouleau… magique !

Pendant la nuit, Victoria fait un rêve. Elle marche dans la forêt menaçante. Soudain une ombre la poursuit. Elle a très peur. L'ombre s'approche, et, au moment où elle va savoir ce que c'est, la petite fille se réveille, le cœur battant.

Le matin, aussitôt levée, elle déroule l'écorce et prend ses feutres de toutes les couleurs. Elle dessine sur la feuille de bois tout ce qu'elle se rappelle de son rêve.

Elle utilise de petits points et des lignes, comme Mirrin le lui a appris. Quand elle a terminé, elle tient son dessin à bout de bras dans la lumière. Il y a les arbres, les fleurs, les oiseaux, et un animal qui court… Une chose étrange se produit alors. Les rayons du soleil percent chaque ligne et chaque point sur l'écorce, passent à travers, et se projettent sur le mur de sa chambre, en bien plus grand. Tout son dessin y apparaît maintenant. Puis les arbres, les fleurs, le ciel se colorent et s'animent, jusqu'à se transformer en vraie forêt !

– Ce n'est pas possible, se dit Victoria. Je suis encore dans mon rêve.
Pourtant, elle entend les cris des **cacatoès** et les chants des jolis oiseaux qui traversent le ciel au-dessus des arbres... Et soudain, un bruit de galop qu'elle reconnaît. Sur le chemin, une silhouette accourt vers elle joyeusement. C'est lui ! C'est son Flash adoré, qui bondit dans la chambre pour lui faire la fête !
– C'était bien toi que j'avais vu dans mon rêve ! dit Victoria en le serrant dans ses bras.

À présent, Flash a décidé de rester chez Victoria. Les arbres dessinés sur le mur se sont effacés, mais Victoria se promène avec Flash dans la vraie forêt, comme elle le voulait tant. Parfois, il aime y aller seul, mais il revient toujours, pour retrouver ses amies, Victoria et Mirrin. Ensemble, ils passent de merveilleux après-midi à jouer et à courir dans le jardin.

Fin

L'Australie

- **Continent : l'Océanie.**
- **Capitale : Canberra.**
- **Langue : l'anglais.**

L'Australie est la **plus grande île** du monde, et forme l'essentiel du continent océanien. Son relief est peu élevé. C'est un pays **désertique**, en dehors des bordures est et sud, qui ont un climat tempéré et où vit l'essentiel de la population. 90 % de la population habite d'ailleurs en ville. Le reste de l'Australie est très peu peuplé.

La Grande Barrière de Corail

Située près des côtes australiennes, elle constitue le plus grand récif de coraux du monde. Elle est visible de l'espace ! Elle abrite 400 espèces de coraux, 1 500 espèces de poissons et 4 000 espèces de mollusques !

? LE SAIS-TU ?
L'Australie est grande comme 15 fois la France.

« Bonjour » se dit *Hello* en anglais.

Le drapeau du **Royaume-Uni** figure dans un coin du drapeau de l'Australie, car celle-ci a encore de fort liens avec le Royaume-Uni en tant qu'ancienne colonie. L'étoile à gauche a **7 branches** : 1 pour chacun des 6 États de l'Australie et 1 pour tous les territoires restants. Les étoiles de la partie droite représentent la constellation appelée « **la Croix du Sud** », une des plus visibles dans l'hémisphère sud.

L'hémisphère sud est le nom donné à la moitié sud de la Terre.

Joue avec Victoria

Trouve l'ombre qui correspond au kangourou :

Réponse : 3.

Au cœur de l'histoire :

Les Aborigènes

Les Aborigènes sont les **premiers habitants** de l'Australie. Ils ne représentent aujourd'hui que 2 % de la population, car le pays a été colonisé par les Britanniques, qui sont venus s'y installer. La moitié d'entre eux vivent comme le reste des Australiens, et la moitié vivent dans le **bush** d'une manière plus traditionnelle. Les Aborigènes ont leur propre **culture**, où la peinture et le dessin (sur toile, sur écorce, dans le sable, sur les corps…) sont très présents, de même que les chants et les danses. Ils ont aussi leurs propres **langues**, qui diffèrent selon les tribus. Certains mots, comme « kangourou » ou « koala », sont toutefois passés dans la langue anglaise.

Le boomerang est le passe-temps le plus connu des Aborigènes.

La vie sauvage

Étant donné l'isolement du pays, une grande partie des animaux et des plantes qui s'y trouvent n'existent que là-bas. C'est le cas des **koalas**, des émeus (de grands oiseaux aux toutes petites ailes, qui ne peuvent pas voler), des wombats (qui ressemblent à de petits oursons), des ornithorynques (qui ont comme un bec de canard et une queue de castor !) et bien sûr des **kangourous**.

Ces derniers se répartissent en une quarantaine d'espèces différentes. Ils se déplacent **en sautant** grâce à leurs longues et puissantes pattes arrière et à leur grande queue qui les aide à garder leur équilibre. Leurs bébés finissent de grandir dans la **poche** qui est sur leur ventre.

Japon

Le jardin secret d'Akiko

Lexique

Un ironi

Sorte de trou dans le sol du salon, dans lequel on fait du feu et on cuit les aliments. On ne le trouve que dans les vieilles maisons japonaises traditionnelles.

Un sushi maki

Plat japonais qui est fait de riz enroulé dans une feuille d'algue. Au centre du riz, on met ce qu'on veut: du saumon, de l'avocat...

Chapitre 1

Akiko rencontre sa grand-mère

Akiko et son père descendent du train à la petite gare de Shimoichi, dans le sud du Japon. Akiko va passer ses vacances chez sa grand-mère, à la campagne, en attendant que son père trouve un nouvel appartement, et quelqu'un pour s'occuper d'elle. Elle est un peu inquiète, car elle ne la connaît pas, et son père lui en a très peu parlé. Il faut dire que, avec tous ses soucis, il ne parle pas beaucoup.

La vieille dame les attend. Le père d'Akiko reprend le train, tandis qu'elle suit sa grand-mère jusqu'au village. Elle est habillée d'une façon étrange, avec de grands pantalons très larges, et de drôles de chaussures en bois qui font clac-clac quand elle marche.

Arrivée dans la petite maison tout en bois, Akiko découvre sa chambre. Par la fenêtre, elle voit les toits du village parmi les arbres, et la montagne se découper sur le ciel.

Akiko regrette ses journées à la ville, où elle pouvait voir Tsumiko, sa meilleure copine, et jouer avec elle. En la voyant s'ennuyer, sa grand-mère lui apprend à faire le feu dans l'**ironi**, un drôle de trou au milieu du salon, à préparer les repas, à cueillir des légumes dans le jardin.
– Tu sais, ça passe vite, un mois, lui dit-elle gentiment.

Quand Akiko a son père au téléphone, elle le supplie de venir la chercher.
– Comme si je n'avais pas assez de problèmes ! lui répond-il, mécontent.
Il met fin à la conversation.

Chaque jour, elle va toute seule faire des courses à l'épicerie. Le chemin est bordé de haies, où les oiseaux s'envolent à son approche, puis reviennent se poser, curieux.

Un matin, elle remarque une sorte de passage dans une haie de bambous et regarde ce qu'il y a derrière. C'est un jardin. Akiko ne peut pas voir grand-chose, car il disparaît sous de hautes herbes, mais elle devine qu'il a été très beau, avant d'être abandonné. Elle pose son sac de courses et se faufile, d'un pas hésitant, à travers les hauts bambous.

Au milieu du jardin, il y a une sorte de petit lac, entouré de jolis rochers tout ronds. Plus loin, un magnifique pin bleu étend ses branches au-dessus d'une maison abandonnée. Ploc ! fait une petite grenouille, en sautant dans l'eau. Puis tout redevient silencieux. Un grand calme envahit Akiko, comme si tous ses soucis disparaissaient. Elle se sent bien, merveilleusement bien.

Chapitre 2

Un secret bien gardé

– Ah, te voilà, dit sa grand-mère, en la voyant rentrer. Elle est en train de préparer des **sushis makis** pour le dîner.

– Je me demandais où tu étais passée.

Akiko ne lui parle pas du jardin. Elle ne veut en parler à personne. C'est son secret.

Elle s'y rend un petit moment chaque jour. Les grenouilles se sont habituées à elle et restent tranquillement sur les feuilles de nénuphar, pendant qu'elle ôte les feuilles mortes. Elle a dégagé dans l'herbe de belles pierres plates, qui forment comme un chemin jusqu'à la vieille demeure. Mais, pour supprimer les mauvaises herbes, il lui faut un outil.

En fouillant dans le jardin de sa grand-mère, elle trouve un petit râteau, qui n'a l'air de rien. Mais, en le regardant plus attentivement, elle remarque quelque chose qui brille. Sous les taches de terre, le petit râteau est tout doré, et d'étranges signes apparaissent sur le manche un peu recourbé.

Quand elle revient dans son jardin et commence doucement à passer le petit râteau, il se passe une chose extraordinaire. Dans les sillons des petites griffes d'or, l'herbe repousse, douce et verte, tandis que des fleurs s'ouvrent à chaque passage. Jour après jour, le jardin devient tel qu'Akiko l'a imaginé.

– Les vacances sont finies, annonce un soir sa grand-mère en soupirant. Ton père va venir te chercher.
Akiko repousse son assiette et monte dans sa chambre, bouleversée.

Son père arrive le lendemain, encore plus nerveux que d'habitude.
– Je n'ai pas trouvé d'appartement, dit-il, les sourcils froncés par l'inquiétude. Je ne sais pas comment je vais faire !

Chapitre 3

Akiko refuse de partir

Au moment de partir pour aller à la gare, Akiko s'enfuit en courant. Son père se fâche.

– Akiko ! Qu'est-ce qui te prend ? Reviens tout de suite !

Il court après elle dans le sentier, et la voit disparaître dans la haie de bambous.

Akiko contemple son jardin pour la dernière fois. Le cœur gros, elle fait ses adieux aux fleurs, aux arbres, aux grenouilles, dans la lumière dorée du soleil qui descend à l'horizon. Elle passe lentement le petit râteau sur le sol devant la maison, et, une fois de plus, des petites tiges se dressent, couvertes de fleurs blanches qui brillent comme des perles.

Son père entre dans le jardin. Il découvre alors le petit étang, qui brille au milieu des rochers. Le magnifique pin bleu, et la maison encore si belle. Et surtout, les fleurs de toutes les couleurs qui se balancent doucement sous la brise légère.
– Regarde, dit Akiko. C'est mon jardin.

La grand-mère d'Akiko, arrivant auprès d'eux, écarquille les yeux.
– Qu'est-ce qui s'est passé ici ? C'était un vieux terrain vague, et c'est devenu un merveilleux jardin !
– C'est moi qui l'ai fait, dit tout doucement Akiko.
– Oh ! dit sa grand-mère. Voilà pourquoi je ne trouvais plus mon petit râteau !
Et elle ajoute, un peu plus bas :
– Je savais qu'il t'attendait.
La petite fille vient se blottir dans ses bras.
– Je ne veux pas partir d'ici ! dit-elle, les yeux remplis de larmes.

– Il faut y aller, maintenant, Akiko-chan, dit son père d'une voix douce.
C'est le petit nom qu'il lui donnait avant, quand il n'avait pas tous ses problèmes. Il lui tend la main, et Akiko la prend, en baissant la tête.
– Je crois que j'ai une idée ! dit soudain sa grand-mère. Venez avec moi.

Derrière la maison, Akiko, assise sur la balançoire, l'entend parler très longtemps à son père dans la cuisine. Enfin, son père sort de la maison. Akiko se lève tristement, se préparant au départ. Mais son père s'accroupit devant elle. Il a un air bizarre.
– Si j'achetais la vieille maison… tu voudrais y habiter avec moi ? demanda-t-il, l'air grave. Bien sûr, il faudra que je la répare…
Le cœur d'Akiko fait un bond, elle lui entoure le cou de ses petits bras.
– Je pourrai inviter Tsumiko pour les vacances ?
– Bien sûr, répondit son père.
Et ses yeux pétillent de joie.

Fin

Le Japon

- **Continent : l'Asie.**
- **Capitale : Tokyo.**
- **Langue : le japonais.**

Le Japon est composé de 4 grandes **îles** entourées de milliers de petites îles, situées dans l'océan Pacifique. Il y a des villes immenses, mais également beaucoup de montagnes et de volcans, et plus de la moitié du pays est couverte de forêts. Le Japon est un pays à la fois très **moderne** (les Japonais aiment beaucoup les objets de haute technologie), et un pays qui conserve de nombreuses **traditions** très anciennes.

Les maneki-neko

Une tradition japonaise est d'avoir, dans les maisons et les magasins, une statuette de chat porte-bonheur, appelée « maneki-neko ». La patte levée au niveau de l'oreille invite la chance ou le bonheur à entrer.

LE SAIS-TU ?
Le mont Fuji est le volcan le plus célèbre du Japon.

« Bonjour » se dit *Kon'nichiwa* en japonais.

Le Japon est aussi appelé « le pays du Soleil Levant ». Sur son drapeau, le rond rouge représente le soleil.

Avec les habits traditionnels, nous portons des tongs en bois. Pour pouvoir enfiler les tongs, nous utilisons des chaussettes qui séparent le gros orteil des autres doigts.

Joue avec Akiko

Quel est le vrai râteau magique ?

1. 2. 3.

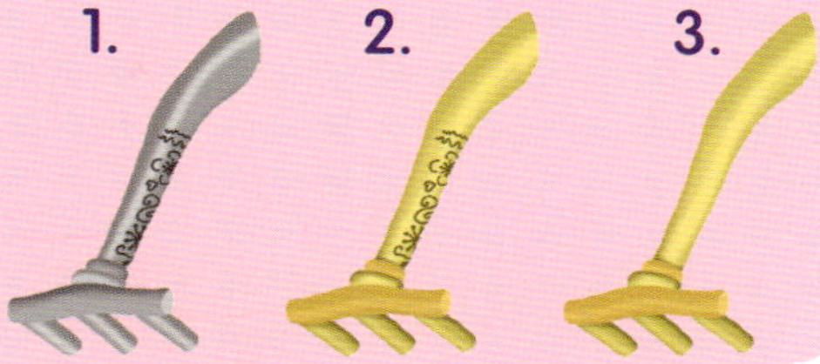

Réponse : 2.

Au cœur de l'histoire :

L'art du jardin

Au Japon, savoir aménager un jardin est considéré comme un art très important. Les jardins japonais cherchent à recréer une **nature idéale** et sont conçus pour favoriser la méditation. Ils ne sont jamais composés de façon symétrique et ils privilégient les **courbes** plutôt que les lignes droites. L'**eau** y est essentielle, que ce soit sous la forme d'un ruisseau ou d'un bassin : elle symbolise à la fois la douceur, la force et l'harmonie de la nature. Les points d'eau abritent fréquemment des carpes *koï*, rouges et oranges, qui sont des symboles de la culture japonaise. On trouve aussi souvent des pierres plates qui forment un chemin. Elles sont connues sous le nom de « pas japonais ».

Les lanternes en pierre sont incontournables dans les jardins japonais.

L'alimentation

Les repas se composent traditionnellement de **3 à 5** plats : des légumes, du poisson (souvent cru), de la soupe et toujours du riz. Mis à part la soupe, les Japonais boivent rarement pendant les repas. Ils boivent plutôt avant ou après. Pour manger, ils n'utilisent pas un couteau et une fourchette, mais des **baguettes**. Et les aliments sont mis dans un bol au lieu d'une assiette. Ils s'assoient autour d'une table basse sur un coussin, appelé « zabuton ». Les filles sont agenouillées, alors que les garçons sont assis en tailleur.

États-Unis

Le joli poulain d'Amy

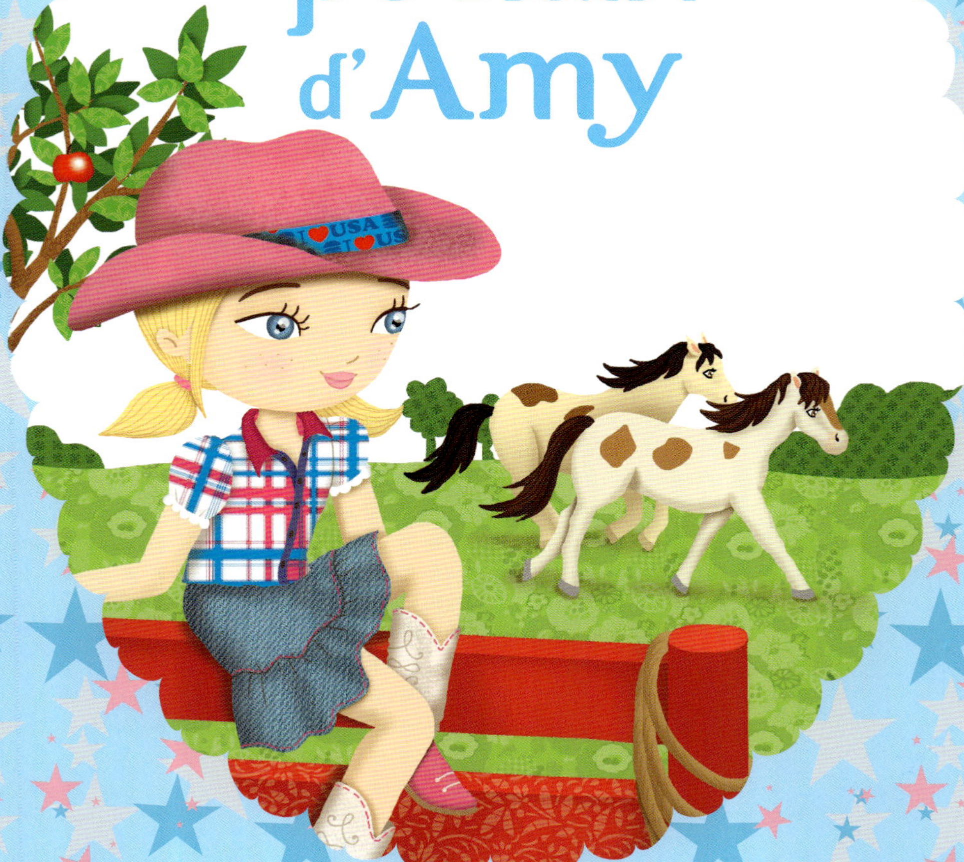

Un ranch

Dans certaines régions des États-Unis, ferme où on élève du bétail (bœufs, chevaux…).

Un cow-boy

Cavalier qui garde les troupeaux de bétail aux États-Unis.

Un pancake

Sorte de petite crêpe épaisse qu'on mange au petit déjeuner aux États-Unis et au Canada.

Le sirop d'érable

Sirop qu'on verse généralement sur les pancakes. Pour l'obtenir, on fait bouillir la sève récoltée sur des arbres appelés « érables ».

Les santiags

Bottes en cuir, portées à l'origine par les cow-boys, avec un talon en biais. Le bout est souvent pointu et relevé.

Chapitre 1

Amy a peur de monter à cheval

Amy habite aux États-Unis dans un beau **ranch**, au Texas. Sa maison est entourée de prairies, et elle voit des chevaux brouter et cavalcader sous ses fenêtres. Ils s'entraînent aussi dans un enclos, où les **cow-boys** les dressent et leur apprennent à sauter les obstacles.

Amy grimpe souvent sur la barrière pour les regarder. Elle admire leurs mouvements gracieux, leurs crinières qui ondulent, quand ils galopent fièrement autour de l'enclos. Mais Amy a un problème : elle a peur de monter à cheval.

Chaque fois qu'elle essaie, aidée par Jim, un vieux **cow-boy** qui l'aime beaucoup, elle se bloque et s'agrippe à lui. Ses parents, ses frères et tous les employés du **ranch** tentent de la convaincre. Mais rien n'y fait.

Un matin, au petit déjeuner, Amy annonce qu'elle ne veut plus qu'on lui en parle.
– De toute façon, je n'y arriverai jamais, ajoute-t-elle.
Sa mère l'écoute en silence. Elle lui sert des **pancakes**, lui tend le **sirop d'érable**, mais son visage sévère montre qu'elle est déçue.
– Je ne comprends pas comment tu peux être si peureuse, lui dit-elle finalement. C'est ridicule. Dans notre famille, tout le monde sait monter à cheval. Même si on a un peu peur au début, il faut le faire quand même.

Amy fond en larmes, et court se réfugier dans le verger. Elle va s'asseoir sous un petit pommier, celui qu'on a planté exprès pour elle quand elle est née. Il n'a jamais eu de pommes, personne ne sait pourquoi. Quand elle lui raconte ses malheurs, les branches s'agitent doucement. Elle a vraiment l'impression qu'il l'entend et qu'il comprend tout.

– Tu es comme moi, lui dit-elle. Tout le monde voudrait que tu aies des pommes, et moi, tout le monde voudrait que je monte à cheval. Mais je n'y arriverai jamais. Et toi non plus.

Chapitre 2

Une surprise toute ronde

Un jour, il y a une grande agitation dans le **ranch** : c'est à cause de l'arrivée de Licka, une nouvelle jument. Quand on la sort du van, elle essaie de s'échapper. Elle rue et secoue la tête dans tous les sens. Un **cow-boy** la retient et l'emmène dans un box, bien garni de paille.
– Pourquoi on ne la met pas dans l'enclos avec les autres ? demande Amy.
– Elle attend un bébé, lui dit Jim. Il lui faut du calme et du repos.

Amy pense souvent à la nouvelle jument. Un jour, alors qu'elle est en train de jouer sous son pommier, elle s'interroge à haute voix.
– La pauvre est toute seule et malheureuse. Qu'est-ce qui pourrait lui faire plaisir ?

Soudain, une petite pomme tombe de l'arbre et roule jusqu'à ses pieds. Elle est toute ronde, verte et rouge, si brillante que l'on a envie de la croquer. Amy, très étonnée, la ramasse, puis lève la tête vers le pommier.
– Ça alors ! dit-elle. C'est la première fois que tu as une pomme ! C'est pour que je la donne à Licka ?

Au-dessus d'elle, les feuilles font entendre un léger bruit. Comme un « oui »… Mais tout à coup, le tonnerre gronde, les éclairs déchirent le ciel. Amy rentre vite à la maison pour ne pas être trempée.

Le soir même, alors que l'orage redouble, Amy pense à Licka, toute seule dans son box. Elle a sûrement peur de l'orage, comme tous les chevaux. Amy entend soudain des voix qui appellent, des bruits de pas qui descendent précipitamment l'escalier. Elle enfile son jean et ses **santiags** sous sa chemise de nuit, puis elle sort et s'avance vers l'écurie, qui est tout éclairée.

Dans son box, la jument est couchée sur la paille, les yeux fermés, épuisée. Elle va accoucher, mais elle est si fatiguée ! Autour d'elle, Jim et les parents d'Amy parlent doucement, ils sont très inquiets. Amy se glisse derrière eux.
– Il ne faut pas qu'elle s'endorme, lui explique Jim. Ou le poulain ne pourra pas naître.

– Licka, murmure Amy.

Au son de sa voix, la jument redresse péniblement la tête et la regarde. Une larme coule de son œil fatigué. Amy ne pense plus à sa peur. Elle va s'asseoir dans la paille à côté de Licka et lui caresse doucement la tête, comme elle a vu Jim le faire pour calmer les chevaux.

– Il faut que tu te réveilles, chuchote Amy. Pour que ton petit bébé naisse.

La jument ne semble même pas l'entendre.

Chapitre 3

Courage !

C'est alors qu'Amy se souvient de la pomme qu'elle avait glissée dans sa poche. Elle la prend et la tend timidement à Licka.

– C'est pour toi, lui dit-elle. C'est la première pomme de mon pommier. Je crois qu'elle est spéciale.

Son cœur bat très fort quand la grosse tête se soulève et que les grands naseaux reniflent sa petite main. Puis la jument saisit délicatement la pomme… et la croque.

Alors, il se passe une chose étonnante. Son œil s'anime, elle est tout à fait réveillée maintenant. Soudain, son corps se tend. Le père d'Amy prend vite sa petite fille dans ses bras pour l'éloigner.

– Je veux rester avec elle ! crie Amy.

– Chut…, lui dit son père. Regarde.

Bientôt, sur la paille, un petit poulain est couché, tout maigre et recouvert d'une matière brillante. Licka, au-dessus de lui, le lèche entièrement. Le poulain commence aussitôt à remuer ses longues jambes.

– Il n'est pas malade ? demande Amy.
– Non, il va très bien, lui dit son père. Il va bientôt se lever et se mettre à téter. C'est grâce à toi, mon Amy. Comment veux-tu l'appeler ?
Amy réfléchit un moment.
– Il s'appellera « Courage », dit-elle.

– Tu as vu, maman, dit Amy en se recouchant, il m'a regardée. Tu crois qu'il m'aimera bien ?
– Sûrement, ma chérie, répond sa mère en l'embrassant.

Tous les jours, Amy va voir Courage. Il grandit, joue et caracole dans le pré à côté de sa maman, qui hennit joyeusement dès qu'elle aperçoit son amie. Amy est la seule qu'elle laisse approcher de son poulain et le caresser.

Un beau jour, quand Courage est devenu assez fort pour porter Amy, Jim installe une jolie selle sur son dos. Quand il aide Amy à grimper dessus, elle lui dit calmement :
– Tu peux me lâcher, maintenant.
Tout le monde est venu les regarder, et, quand ils font tous les deux un tour de l'enclos au petit trot, tout fiers, on les applaudit bien fort. Et puis… au galop ! C'est merveilleux, Amy rit de bonheur.

Depuis, elle est devenue une parfaite cavalière. Elle aime partir sur son cheval, pour parcourir les prés et les chemins. Ce qu'il adore, c'est aller jusqu'au pommier, qui est maintenant couvert de pommes. Il attend qu'Amy cueille une jolie petite pomme et la lui donne à croquer. Puis ensemble, ils repartent au galop.

Fin

Les États-Unis

- Continent : l'Amérique.
- Capitale : Washington.
- Langue : l'anglais.

Les États-Unis tirent leur nom du fait qu'ils regroupent **50 États**. Il s'agit donc d'un pays immense : c'est le 4e plus grand pays du monde ! On y trouve des paysages très différents et de magnifiques **parcs naturels** : le Grand Canyon, au climat très sec, le parc de Yosemite avec ses montagnes et ses cascades, ou encore le parc de Yellowstone, connu pour ses sources d'eau chaude.

Un pays encadré par 2 océans

Les États-Unis sont bordés par l'océan Atlantique d'un côté et par l'océan Pacifique de l'autre, sauf l'État d'Hawaï, qui est une île au milieu de l'océan Pacifique !

LE SAIS-TU ?

Les États-Unis sont appelés « les USA » car il s'agit des initiales de leur nom complet en anglais : the United States of America.

« Bonjour » se dit *Hello* en anglais.

Il y a **50 étoiles** sur le drapeau américain : une pour chaque État qui fait partie du pays.

Le Texas se situe dans le Sud des États-Unis, où il fait très chaud. Beaucoup de gens y portent un chapeau de cow-boy avec de larges bords pour se protéger du soleil, et des santiags. Même ceux et celles qui ne sont pas des cow-boys ou des cow-girls !

Joue avec Amy

Devine quel personnage de l'histoire est décrit :

Indice n° 1 :
Je travaille dans le ranch.

Indice n° 2 :
Je suis un cow-boy qui aime beaucoup Amy.

Indice n° 3 :
J'ai une moustache grise.

Indice n° 4 :
J'aide Amy quand elle essaie de monter à cheval.

Réponse : Jim.

Au cœur de l'histoire :

La vie dans un ranch

Les ranchs sont des fermes dans lesquelles on élève des animaux, comme des chevaux et des vaches, sur de **larges étendues**. Les gardiens et les gardiennes des troupeaux (appelés « cow-boys » et « cow-girls ») montent à cheval pour emmener paître les troupeaux sur de vastes distances. La vie dans un ranch permet d'être constamment au contact de la **nature** et des animaux. Mais elle demande beaucoup de **travail**, tout au long de l'année, week-ends compris. Il faut s'occuper du bétail, le nourrir, le guider, le soigner, mais aussi réparer les éléments du ranch qui s'abîment, comme les clôtures. Il faut aussi faire pousser et récolter les céréales qui permettront de nourrir les troupeaux pendant l'hiver.

« Cow-boy » signifie « garçon à vache » et « cow-girl », « fille à vache ».

Le petit déjeuner

Le petit déjeuner américain peut être **sucré ou salé**. S'il est salé, il peut comporter du bacon, des œufs et des saucisses. S'il est sucré, selon leurs préférences, les Américains mangeront des toasts de pain grillé, des muffins (de petits gâteaux), des céréales avec du lait ou des **pancakes**. Ces derniers sont des sortes de crêpes plus petites et plus épaisses que les crêpes françaises. Ils se mangent généralement avec du sirop d'érable, de la confiture ou du miel.

Jordanie

Zeina et la pierre de lune

Lexique

Un hammam

Lieu où l'on prend des bains de vapeur, très répandu au Moyen-Orient et en Afrique du Nord.

Une djellaba

Large robe à manches longues et à capuche, portée par les hommes et les femmes.

Un oud

Instrument arabe de musique traditionnelle, qui ressemble à une guitare avec un caisson en forme de poire.

Le Grand Vizir

Conseiller principal du roi.

Une escarboucle

Pierre précieuse qui brille d'un vif éclat.

Chapitre 1

Une musique envoûtante

Zeina habite à Amman, la capitale de la Jordanie, dans un des milliers de petits immeubles qui recouvrent les collines où se situe la ville. Comme tous les jeudis après l'école, elle doit retrouver sa mère et ses grandes sœurs au **hammam**. Bien sûr, c'est agréable d'être dans la chaleur du bain de vapeur, de se sentir toute propre. Pourtant, elle n'aime pas tellement y aller. Il faut se coiffer pendant des heures, se mettre des huiles, parler de ce qu'il faut faire pour être belle… Le nom de Zeina signifie « la belle », mais elle ne se trouve pas belle.

Elle n’arrive pas à coiffer ses cheveux, qui tombent n’importe comment, elle n’aime pas son nez, elle pense que ses yeux sont trop petits, sa bouche trop grande… et qu’elle ne sera jamais aussi belle que sa mère ou que ses sœurs. Zeina est un peu en retard, mais elle aime bien se promener tranquillement sans se presser, en regardant tout ce qui se passe dans la rue.

Un vieil homme enveloppé dans sa **djellaba**, installé sur le bord du trottoir, lui fait signe. Elle ne l’avait encore jamais vu. De ses longs doigts, le vieil homme fait résonner les cordes d’un **oud** très ancien, patiné par le temps.

Zeina s'assied auprès de lui pour écouter sa voix douce qui s'élève.

– Ô fleur de grenade, entends le chant de Tamam, la princesse parfaite, et de la lune d'argent…

Zeina ferme à demi les yeux pour mieux se laisser emporter par les paroles de la chanson.

– La princesse Tamam était plus belle que la perle dans son écrin de soie… Plus belle que le soleil qui caresse le désert…

Zeina sourit. « Tamam », cela veut dire « la parfaite » en arabe. Ce serait si bien d'être parfaite… Un souffle chaud passe sur son visage. Elle se sent soulever dans les airs, et tourbillonner comme une plume dans le vent…

Chapitre 2

Une vie de princesse

Quand Zeina ouvre les yeux, la rue a disparu. Elle est au bord d'un petit bassin entouré de fleurs. Des palmiers se balancent doucement au-dessus d'elle, chargés de dattes. Zeina se rend compte qu'elle est dans un magnifique jardin près d'un palais aux tours de pierres sculptées comme de la dentelle.

Soudain, une jeune fille apparaît et s'approche :
– Ô princesse Tamam, dit-elle à Zeina. Le marchand de robes est arrivé.
Zeina ouvre la bouche pour dire qu'elle n'est pas une princesse, qu'elle doit retrouver ses sœurs et sa mère au **hammam**, dans la rue de la Citadelle… Au lieu de cela, elle se lève et suit la jeune fille à l'intérieur du palais.

Là, dans un splendide salon, au sol recouvert de tapis somptueux, un marchand s'incline devant Zeina. Il lui présente une à une de merveilleuses robes aux tissus chatoyants, parsemés de pierreries qui étincellent.
– Et voici la pierre de lune, le cadeau du **Grand Vizir** à Votre Majesté, continue le marchand.
Dans un écrin de velours, un bijou en forme de croissant de lune scintille sous les yeux de la petite fille.
– Il faut la mettre comme ceci, dit la servante.
Elle accroche la pierre à une petite chaîne et l'attache délicatement au cou de Zeina.

Dans le miroir, Zeina n'arrive pas à croire ce qu'elle voit. Ses cheveux retombent gracieusement sur ses épaules. Ses yeux rayonnent comme des **escarboucles**, sa bouche a un sourire ravissant.
– Ce n'est pas possible, se dit Zeina. Ce n'est pas moi, et pourtant c'est moi. Ici, je m'appelle Tamam et je suis parfaite.

Chapitre 3

Le pouvoir de la pierre de lune

Dans sa chambre de princesse, le lit de Zeina est entouré de voiles transparents. La nuit est tombée. Dans le ciel, un croissant de lune brille comme celui qui est suspendu au cou de Zeina. Elle pense à ses parents, à ses sœurs. C'est l'heure où sa mère vient l'embrasser pour lui dire bonne nuit, tandis qu'elle entend ses sœurs rire et bavarder avant de s'endormir. Et si elle ne les retrouvait jamais ?

Près de la fenêtre, elle remarque une gracieuse cage toute dorée. Un petit oiseau bleu y est enfermé, et son chant donne une impression de grande tristesse.
– Pourquoi es-tu si triste ? lui demande Zeina, en s'approchant.
– On m'a enlevé du nid, répond-il. Mes parents doivent me chercher partout, plus jamais je ne les reverrai.
– Je vais te libérer, dit-elle, et tu pourras t'envoler pour les rejoindre.

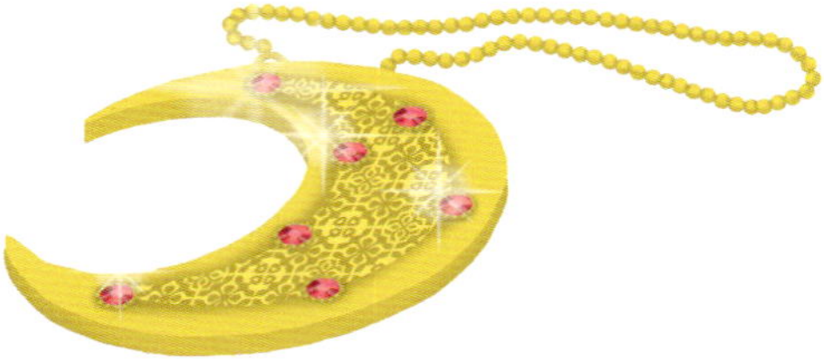

Zeina cherche partout dans la chambre. Hélas, elle ne trouve pas de clé qui puisse ouvrir la porte de la cage. Mais, en regardant plus attentivement celle-ci, Zeina remarque que la serrure a la forme d'un petit croissant de lune.

– Et si ma pierre de lune était justement la clé ? se dit-elle.

Le bijou se place exactement dans la serrure de la cage. La porte s'ouvre... et un éclair bleu traverse le ciel dans un chant de bonheur.

– Adieu, petit oiseau, sois heureux, dit Zeina.

Les larmes aux yeux, elle pousse un grand soupir.
– Moi aussi, murmure-t-elle, j'aimerais tellement rentrer à la maison…
À ces mots, la chambre disparaît dans un tourbillon… Et Zeina se retrouve dans la rue, assise au bord du trottoir.

Le vieil homme avec son **oud** a disparu. Zeina tient son poing serré contre son cœur. Quand elle ouvre la main, la pierre de lune brille comme un diamant.

Dans le **hammam**, sa mère lisse ses boucles emmêlées.
– Ah ! ma petite sauvage, dit-elle, quand sauras-tu être un peu plus coquette ?
Zeina pense à son visage parfait, à ses robes de princesse, à son palais enchanté.
– Maman, dit la petite fille. Est-ce que tu serais contente si j'étais plus jolie ?
– Tu ne pourrais pas être plus jolie, dit sa mère en l'embrassant. Tu es ma petite fille parfaite.

Fin

La Jordanie

- **Continent : l'Asie.**
- **Capitale : Amman.**
- **Langue : l'arabe.**

La Jordanie se situe dans l'ouest de l'Asie, dans la partie que l'on appelle le **Moyen-Orient**. Elle est composée en grande partie d'un **désert de roches** aride d'un côté et de montagnes de l'autre. À l'ouest se trouve la célèbre **mer Morte** : un lac tellement salé qu'on y flotte facilement et où il n'y a aucun poisson !

Une monarchie

La Jordanie est une monarchie dirigée par un roi. Le roi actuel s'appelle Abdallah II. Sa femme, la reine Rania, est célèbre dans le monde pour sa grande beauté, mais aussi pour sa modernité.

LE SAIS-TU ?

La Jordanie tire son nom du Jourdain, le fleuve qui la délimite à l'ouest.

« Bonjour » se dit *Marhaba* en arabe.

La Jordanie est célèbre pour le site de **Pétra**. Il s'agit d'une ancienne cité abandonnée, dont les façades ont été sculptées **dans la roche** des montagnes. Avec leurs colonnes et leurs frontons, les façades monumentales sont celles de vrais palais !

Joue avec Zeina

Trouve l'ombre qui correspond à l'oiseau que Zeina a libéré :

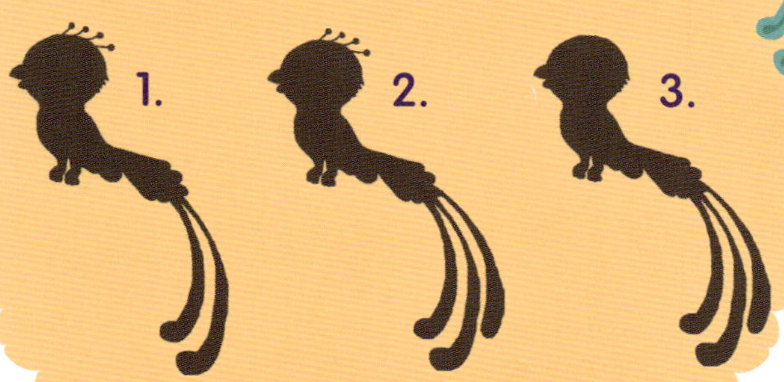

Réponse : 2.

Pétra a abrité jusqu'à 25 000 habitants.

Au cœur de l'histoire :

Le hammam

Lorsqu'on va au hammam, on s'assoit dans une pièce remplie de **vapeur**, uniquement enveloppé dans une serviette. On parle de bain de vapeur, car on est littéralement plongé dans la vapeur de la tête aux pieds. Selon les habitudes, on peut alterner des douches froides avec des séances dans la vapeur, ou encore s'étendre sur une large pierre chaude. Un frottement vigoureux de tout le corps, appelé « **gommage** », est ensuite pratiqué pour supprimer les peaux mortes et à avoir une peau douce. À la fin du hammam, on s'enduit généralement le corps d'huile. Les femmes et les hommes vont au hammam, mais jamais ensemble : soit les horaires soit les lieux sont différents. Le hammam est beaucoup plus qu'un rituel de beauté. Il apporte une grande relaxation, et c'est un vrai lieu d'**échange**, où l'on retrouve famille et amis, où l'on passe du temps ensemble à discuter.

« Hammam » signifie « bain chaud » en arabe.

La musique

La musique tient une place importante dans la vie des Jordaniens tout au long de la journée. Dans la musique **traditionnelle** jordanienne, comme dans les pays voisins, l'**oud** est très répandu. C'est un instrument dont le caisson est en forme de poire et dont le manche court possède en général 11 ou 12 cordes, qui sont regroupées par paires. L'oud se tient comme une guitare, mais la technique pour en jouer est différente. Les Jordaniens aiment aussi énormément la musique **moderne** et de nombreuses jeunes stars arabes passent à la radio.

Russie

Léna et le chat aux yeux d'or

Lexique

Une babouchka

Mot russe qui veut dire « grand-mère » et qu'on utilise pour les vieilles femmes en général.

Une balalaïka

Instrument russe de musique traditionnelle, qui ressemble à une guitare avec une caisse en forme de triangle.

Chapitre 1

Léna a un secret

– Léna ?! Où es-tu, ma Lénoutchka ?

Olga Alexandrovna, la mère de Léna, appelle sa petite fille. Devant son miroir, elle se maquille pour aller à son concert, car elle est chanteuse. Stepan, le père de Léna, commence à jouer des accords sur sa **balalaïka**, entouré de leurs amis. Ils forment tous ensemble une troupe de musiciens.

Léna entend tout de sa cachette, par la porte entrouverte. C'est une sorte de cagibi, dans l'escalier de l'immeuble, sur un demi-palier. Elle y a apporté des coussins, des couvertures : c'est comme une cabane. Un livre ouvert devant elle, elle recopie des phrases dans son cahier, en s'appliquant beaucoup.

Comme ses parents déménagent souvent et parcourent la Russie, à cause des concerts, c'est trop compliqué de l'inscrire à l'école. « Ce n'est pas grave, dit toujours la mère de Léna. Ton père et moi, nous t'apprendrons tout ce qu'il faut. » Mais ils n'ont pas beaucoup de temps, avec les répétitions, les sorties, les fêtes… Léna a donc décidé d'apprendre toute seule, en secret.

– Léééna !!! appelle de nouveau sa mère.
Elle soupire, et referme son cahier.

– Ah ! ma Lénoutchka, te voilà ! dit sa mère en lui tendant les bras. Quand tu seras plus grande, tu viendras faire la fête avec nous, ajoute-t-elle.
Elle lui fait un baiser de ses lèvres rouges, qui laissent une marque sur la joue de sa petite fille.

Léna n'ose pas dire à sa mère qu'elle n'a pas envie de faire la fête. Elle préférerait aller à l'école, comme les autres enfants.

Tout le monde s'en va alors, en chantant et en riant. La concierge, une **babouchka** toujours de mauvaise humeur, menace une fois de plus de les faire chasser de l'immeuble parce qu'ils font trop de bruit.

Sur le palier d'à côté, Nikita, le petit garçon de la voisine, regarde Léna de ses grands yeux effrayés. Un jour, elle a demandé à sa mère pourquoi il ne parle pas.
– Peut-être qu'il ne peut pas, lui a répondu Olga Alexandrovna. Ce n'est pas de sa faute.
D'habitude, Léna ne fait pas attention à lui, mais aujourd'hui elle a envie de lui faire un petit signe, pour essayer de le faire sourire. Il rentre aussitôt chez lui sans répondre.

Chapitre 2

Une drôle de peluche

Quelques jours plus tard, alors que Léna travaille dans sa cabane, elle entend un léger grattement. Elle glisse un œil par l'ouverture de la porte… Nikita se tient là, devant sa cachette, et la fixe de son air grave. Devant la tristesse du petit garçon, elle ouvre plus largement la porte.
– Je travaille, lui dit-elle. Mais si tu restes là sagement, tu peux entrer.

Elle l'installe dans les coussins, et se remet à écrire. Au bout d'un moment, il se colle à elle, et son doigt indique le dessin d'un chat.
– Petit chat, dit Léna.
Cela lui donne une idée.
– Attends-moi là, lui dit-elle.

Elle court jusqu'à sa chambre et fouille dans ses tiroirs. Son oncle lui a rapporté d'un de ses voyages un petit chat en peluche. Il est très joli, tout noir, avec des yeux dorés et une petite tache blanche sur la poitrine. Léna avait alors pensé qu'elle était trop grande pour ce genre de chose. Elle l'avait rangé.

Elle revient dans la cabane et le tend à Nikita, dont les yeux s'agrandissent encore.
– Tiens, prends-le, c'est pour toi.
Nikita avance timidement la main, puis se saisit de la peluche, et serre son trésor contre lui.
Il ouvre la bouche, et Léna entend sa petite voix claire.
– Petit chat, dit-il.
Et ils se mettent à rire.

C'est ainsi que Nikita commence à parler. Chaque jour, il vient voir son amie Léna. Elle lui montre ce qu'elle a appris. Ils s'amusent bien, avec le petit chat qui semble tout comprendre, la lumière dansant dans ses beaux yeux d'or.

Un matin, Léna est brusquement tirée de son sommeil par un bruit de dispute. Dans l'escalier, la concierge hurle sur Nikita, à demi caché derrière sa porte.
– C'est interdit d'avoir des animaux dans mon immeuble ! Je vais l'emmener à la fourrière !

C'est alors que Léna voit le chat. Ondulant gracieusement, il descend l'escalier. Il s'arrête sur une marche, et se met tranquillement à se lécher une patte. Il est tout noir, avec une petite tache blanche sur la poitrine, et des yeux dorés.

– Sale bestiole ! hurle la méchante femme.
Elle réussit à l'attraper et se met à le secouer. Au lieu de s'échapper, le chat se laisse faire, et il devient tout mou, comme s'il s'était transformé… en peluche !!!
– Arrêtez ! crie Léna. Vous voyez bien que c'est un jouet !
Car c'est bien ce qu'il est redevenu. Quand la **babouchka** l'examine de près, méfiante, ses yeux de verre la fixent sans un clignement.

Chapitre 3

Des yeux magiques

La **babouchka** le laisse tomber et s'assoit lourdement sur les marches, en se prenant la tête dans les mains.
– Ce n'est pas possible, marmonne-t-elle, je deviens folle.
Nikita s'approche alors sans bruit, et pose délicatement la peluche sur les genoux de la vieille femme. Léna s'avance pour la reprendre.
– Attends, chuchote-t-il. Tu vas voir…

La **babouchka** relève lentement la tête. Son regard se perd dans les yeux merveilleux aux paillettes dorées. Peu à peu, les enfants voient changer son visage. Sa vilaine grimace disparaît, laissant place à un sourire plein de douceur.

Sa main tremblante commence à caresser la douce fourrure noire… Et le chat se met à ronronner.
– Quand il sait qu'on l'aime, murmure Nikita, il redevient vrai.

Quelques jours plus tard, Olga Alexandrovna découvre un matin le cahier de Léna, que celle-ci a oublié dans sa chambre. Elle lit tout ce que la petite fille a recopié.
– C'est toi qui as fait ça, ma Lénoutchka ? demande-t-elle à sa petite fille.
Léna rougit, car elle a peur que sa mère se moque d'elle.

Olga Alexandrovna comprend que Léna a vraiment envie d'aller à l'école. Pour cela, elle décide de changer leur façon de vivre. Elle trouve du travail à l'orchestre de la ville avec son mari, et ils n'ont plus besoin de déménager. Bien sûr, ils continuent à faire parfois des fêtes, où tout le monde a envie de chanter et de danser. La **babouchka** apporte des gâteaux.

Quand les enfants partent pour l'école, le chat va se promener. Partout où il passe, comme une ombre légère, les choses s'arrangent, les gens deviennent plus heureux. Mais il revient toujours auprès de Léna et de Nikita pour jouer et se faire câliner.

Fin

La Russie

- Continents : l'Europe et l'Asie.
- Capitale : Moscou.
- Langue : le russe.

La Russie est le **plus grand pays** du monde. Elle s'étend sur 2 continents : l'Asie et l'Europe ! Il y a donc des paysages très **différents** : des forêts, des montagnes, des grandes plaines appelées « steppes »... Les températures peuvent monter jusqu'à 40 °C l'été, mais aussi descendre jusqu'à – 40 °C l'hiver !

À chaque saison ses plaisirs

L'hiver, les lacs gelés permettent de faire du patin à glace. Quand le printemps revient, les Russes aiment profiter de leurs datchas, de petites maisons de campagne, le plus souvent en bois et très simples.

LE SAIS-TU ?

La Russie fait 31 fois la taille de la France !

« Bonjour » se dit *Priviet* en russe.

La **rentrée** des classes a toujours lieu le 1er septembre. Elle est appelée **« Journée de la connaissance »**, et est très importante pour tous les élèves et leurs parents. Après un discours du directeur ou de la directrice de l'école, parfois des chants et des danses, les élèves rejoignent leur classe. Le reste de la journée se passe à faire connaissance avec leur professeur, les autres élèves et à décorer la classe.

Pour cette journée, les élèves se font beaux et apportent des fleurs à leurs professeurs.

Joue avec Léna

Parmi ces 3 chats, lequel est celui de Nikita et de Léna ?

1. 2. 3.

Réponse : 1.

Au cœur de l'histoire :

La musique

La musique a toujours tenu une grande place dans la culture russe, notamment grâce à la **musique traditionnelle**. Celle-ci a d'ailleurs inspiré d'autres types de musique, que ce soit la musique classique ou le rock ! Parmi les instruments traditionnels russes, le plus courant est la **balalaïka**. C'est un instrument à cordes, dont la caisse est de forme triangulaire. On pince les cordes, comme pour une guitare. Les **chants polyphoniques** sont également très appréciés en Russie. Plusieurs personnes chantent alors en même temps des mélodies différentes qui se mélangent pour former un tout harmonieux. Les personnes chantent aussi à des hauteurs de voix différentes (certains chantent dans les aigus, tandis que d'autres chantent dans les graves).

Une balalaïka n'a généralement que 3 cordes, alors qu'une guitare en a le plus souvent 6.

Les matriochkas

Dans l'artisanat russe, les matriochkas sont très célèbres. Une matriochka est une poupée creuse, en bois, qui s'ouvre en deux et contient une autre poupée plus petite. En général, entre 5 et 7 poupées **s'emboîtent** ainsi les unes dans les autres, mais ça peut être beaucoup plus ! Ces poupées peintes représentaient à l'origine une **famille** : la plus grande était la mère et la plus petite un bébé. Les poupées intermédiaires pouvaient aussi bien être des filles que des garçons. Aujourd'hui, on en trouve sur tous les **thèmes**. Elles peuvent représenter des costumes traditionnels russes ou même des personnages de conte.

Groenland

Anouk et la perle de lumière

Lexique

La banquise

Épaisse couche de glace qui se forme à la surface de la mer quand elle gèle dans les régions polaires.

Un igloo

Habitation de forme arrondie, construite avec des blocs de neige durcie. L'igloo sert d'abri aux Inuits quand ils partent chasser loin de leur maison.

Une fusée éclairante

Petite fusée qui répand une lumière vive pour éclairer un lieu et attirer les secours si besoin. Certains modèles se gardent en main, d'autres sont lancés dans le ciel.

Un inuksuk

Empilement de pierres construit dans les régions arctiques, dont la forme et la taille peuvent varier. Il sert par exemple à indiquer une cache de nourriture, le village le plus proche...

Chapitre 1

L'inuksuk

Anouk vit au Groenland. Suka, son frère, est un peu plus grand qu'elle et leur petite sœur est encore un bébé. Toute la famille se prépare à partir en expédition, pour aller pêcher sur la **banquise**. La maman d'Anouk attend déjà sur le traîneau, son bébé bien au chaud sur le dos.

– Allons, les enfants, dépêchez-vous ! dit-elle.

Les chiens, impatients, tirent sur leurs courroies.

Anouk n'a pas encore enfilé ses bottes en peau de phoque. Elle lambine un peu. Elle serait bien restée au chaud, à la maison, à lire des histoires, plutôt que de se rendre au camp de pêche.

Elle adore les légendes de son pays, avec des personnages magiques qui font des choses extraordinaires. Suka se moque souvent d'elle.

– Autrefois, les gens croyaient que c'était vrai, dit-il. Maintenant on sait bien que ça n'existe pas.

Une fois que tout le monde est installé, bien emmitouflé dans les manteaux de fourrure, le traîneau glisse dans le désert blanc. Au loin, les murs de glace brillent sous le soleil.

En fin d'après-midi, ils aperçoivent enfin l'oncle Iluak, qui les attend devant un **igloo**. Il l'a construit avec leur père ; ils s'y abriteront pendant les quelques jours que durera la pêche. C'est la seule habitation que l'on peut voir alentour.

Les chiens sont maintenant détachés et mangent de la viande séchée. On fait bouillir de l'eau sur un feu de camp, pour cuire un poisson que l'oncle a attrapé.
– Je n'en ai pas pêché beaucoup aujourd'hui, dit-il. Il faudra trouver un meilleur endroit.

Le lendemain , en se promenant dans les environs avec Suka pendant que les adultes pêchent, Anouk remarque un monticule de pierres à demi recouvert de neige.
– Oh, c'est un **inuksuk** ! s'écrie-t-elle. Les gens en construisaient autrefois. Ils servaient de repères. Souvent, ils ont une forme de bonhomme.
– Eh ! madame la savante, se moque Suka, ce n'est qu'un tas de vieilles pierres !
Il donne un coup de pied dedans.
– Ne fais pas ça ! crie Anouk.

Elle s'accroupit, ramasse les pierres éparpillées, et les empile de façon à former un personnage.
– Tu devrais m'aider, plutôt, dit-elle à son frère.
En grommelant, Suka rajoute des pierres. Le bonhomme est presque aussi grand qu'eux à présent.
– Tu vois, dit Anouk. On dirait même qu'il va parler.
Sous la dernière pierre, quelque chose étincelle. C'est une petite pierre, toute ronde, transparente, qui ressemble à une perle, avec de jolis reflets verts.
– Elle est pour moi, dit Anouk en la mettant dans sa poche. C'est sûrement l'**inuksuk** qui me la donne pour me remercier.
Suka hausse les épaules.
Tout à coup, Suka sursaute. Du coin de l'œil, il aperçoit

Chapitre 2

Perdus !

une forme, très loin derrière une butte, et la montre à sa sœur.
– Ce doit être un ourson, chuchote-t-il. Si on le suit, on trouvera sa mère et le trou où elle pêche.
Les enfants avancent à pas de loup, afin de ne pas effrayer l'animal qu'ils distinguent à peine. Ils finissent par le perdre de vue totalement.
– Il est parti, on ne le trouvera plus, dit Anouk. Il faut rentrer, maintenant.
– On continue encore un peu, dit Suka. Papa et oncle Iluak seront tellement contents si on découvre un bon coin pour la pêche !
Sans s'en rendre compte, ils s'éloignent du camp, se

faufilant entre les bosses et les cailloux recouverts de neige. Au bout d'un moment, comme ils ne voient plus trace de l'animal, les enfants décident à regret d'abandonner leur poursuite et font demi-tour.

Le vent s'est levé et souffle sur les cristaux de glace. Dans la blancheur qui les entoure, Anouk et Suka n'aperçoivent plus le campement. La brume cache tous les reliefs, et l'on ne distingue plus la terre du ciel.

Dans l'étendue glacée, main dans la main, ils avancent péniblement, trébuchant dans la neige.
– Ne t'inquiète pas, dit Suka pour tranquilliser sa petite sœur, on est dans la bonne direction.
Mais sa voix n'est pas très assurée.

Le vent souffle à présent en tourbillons, qui les obligent à se courber. Ils ont de plus en plus froid, malgré leurs manteaux épais.

Anouk ne veut plus avancer.
– Si on s'éloigne du camp sans le savoir, ils ne pourront jamais nous retrouver, dit-elle, au bord des larmes.
Ils appellent de toutes leurs forces, au cas où leurs parents les entendraient, mais personne ne répond.
– On ne peut même pas faire du feu, dit Suka. Il n'y a pas un seul bout de bois.
– On n'a même pas d'allumettes, de toute façon, dit la petite fille, désespérée.

Chapitre 3

La perle de lumière

Serrés l'un contre l'autre, les enfants sentent le froid les gagner, et ne savent plus quoi faire.

– Si seulement j'avais une **fusée éclairante**, dit Suka.

Ils ont faim, aussi. Anouk tente de trouver quelque chose au fond de sa poche. Une sucrerie qu'elle aurait oubliée, par chance.

C'est alors qu'elle sent une drôle de chaleur au bout de ses doigts. C'est tellement agréable qu'elle sort la main de sa poche et retire sa moufle.

– Qu'est-ce que tu fais ? s'écrie Suka. Tu veux avoir la main gelée ?

– Regarde, murmure la petite fille, émerveillée. C'est le cadeau de l'**inuksuk**. Ça tient chaud.
Dans sa main, la petite perle lance un éclat vert, qui illumine son visage. Elle luit si intensément qu'elle éclaire tout le paysage alentour. Silencieux, les enfants se tiennent immobiles dans le halo de lumière qui grandit, grandit… pareil à un soleil que l'on peut voir de très loin.

Dans le brouillard, on entend des aboiements au loin. Sur un traîneau tiré par des chiens hors d'haleine, deux hommes font de grands gestes avec les bras. Ce sont le père et l'oncle des enfants, qui les ont enfin retrouvés. Quand ils se rejoignent avec des cris de joie, Anouk leur montre la petite boule étincelante.
– C'est grâce à l'**inuksuk**, dit-elle. Il nous a sauvés.

Plus tard, dans l'**igloo**, bien au chaud dans les fourrures, Suka n'arrive pas à s'endormir.
– Je regrette d'avoir donné un coup de pied à l'**inuksuk** quand on l'a trouvé, chuchote-t-il.
– Tiens tiens, tu ne penses plus que les choses magiques n'existent pas ? demande Anouk, les yeux pétillants.
Suka baisse la tête.
– Je ne me moquerai plus jamais de toi, promet-il.

Anouk lui lit parfois des histoires à voix haute, maintenant. Des histoires d'autrefois. Les yeux de Suka brillent alors autant que la merveilleuse petite perle du bonhomme de pierres.

Fin

Le Groenland

- **Continent : l'Amérique.**
- **Capitale : Nuuk.**
- **Langues : le groenlandais et le danois.**

Le Groenland est une très grande île qui se trouve dans la région la plus au nord de la Terre : **la région arctique.** Tout autour, en hiver, la mer gèle et forme **la banquise**. Les températures peuvent alors aller jusqu'à **– 40 °C** ! L'été, il y fait entre 0 et 10 °C, ce qui permet **le dégel** et la repousse de la végétation.

Un peuple : les Inuits

La plupart des Groenlandais sont inuits. Le mot « inuit » désigne des peuples qui vivent dans la région arctique, au Groenland, au Canada et en Alaska.

« Bonjour » se dit *Kutaa* en groenlandais.

LE SAIS-TU ?

80 % du Groenland est couvert de glace.

Le Groenland fait partie du royaume de **Danemark**, mais a son propre drapeau. La partie blanche du haut représente les **glaciers**, qui recouvrent **80 % de l'île**. La partie rouge du bas représente la mer. Le demi-cercle rouge évoque le soleil et le demi-cercle blanc, **les icebergs**. Le drapeau rappelle aussi le soleil couchant se reflétant dans la mer.

Un traîneau est parfois tiré par plus de 15 chiens !

Joue avec Anouk

Aide Anouk à retrouver sa perle de lumière :

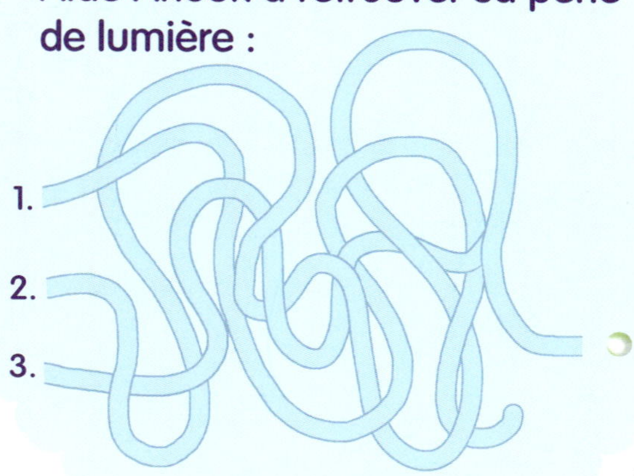

Réponse : 2.

Au cœur de l'histoire :

Entre tradition et modernité

La plupart des Inuits vivent dans des maisons, de façon **moderne**. Les motoneiges sont très utilisées et rendent les chasses de plusieurs jours plus rares. Pourtant, les **traîneaux** sont encore largement employés pour se déplacer. L'alimentation, elle, est restée marquée par les anciennes coutumes liées à la chasse et à la pêche. Quand les réfrigérateurs n'existaient pas, les Inuits faisaient sécher viande et poisson pour les conserver plus longtemps. La tradition est restée et, aujourd'hui encore, la viande et le poisson sont **séchés** l'été au soleil, sur des sortes de grands étendoirs en bois.

Pour pêcher l'hiver, il faut créer un trou dans la banquise.

Les vêtements

Les vêtements doivent être **chauds et imperméables** pour protéger des grands froids. Les vêtements traditionnels sont réalisés grâce aux peaux et aux fourrures des animaux qui sont chassés, comme le phoque ou le caribou.

L'*Amaat* est un manteau spécial avec une immense capuche qui permet d'y mettre un **enfant** jusqu'à 3 ans. La maman peut ainsi se déplacer avec son enfant au chaud, tout en ayant les mains libres.

Aujourd'hui, les Groenlandais portent aussi beaucoup de vêtements modernes, comme des **doudounes**.

Sénégal

Le merveilleux caméléon de Nayah

Lexique

Un baobab

Gros arbre qui résiste à de très fortes chaleurs. Il mesure en moyenne 30 mètres de haut (l'équivalent d'un immeuble de 11 étages) et son tronc, 7 à 10 mètres de large (plus de 4 voitures côte à côte).

Une calebasse

Fruit du calebassier, qui, une fois vidé et séché, peut servir de récipient.

Une case

Maison africaine traditionnelle. Elle peut être faite en bois, en pierre ou avec un mélange de terre et de paille.

Chapitre 1

Une rencontre étonnante

À côté du village où vit Nayah, au Sénégal, il y a un très vieux **baobab**. Son tronc est si épais que l'on y a creusé une maison. C'est là qu'habite Awa Mbayé. Les habitants du village l'appellent « la magicienne ». Ils lui demandent souvent conseil, car elle est sage et sait guérir les maladies. Elle a fait pousser autour de son arbre toutes les bonnes plantes qui lui servent à fabriquer ses remèdes.

Nayah a un peu peur de cette grande femme au visage sévère. Quand elle va chercher de l'eau au puits, elle préfère faire un détour plutôt que de passer devant son jardin.

Mais elle ne peut s'empêcher d'observer Awa Mbayé de loin. Cachée derrière un rocher, Nayah la voit cueillir certaines herbes et les mettre dans son panier. Elle aimerait bien savoir, elle aussi, comment les choisir et les utiliser.

Un matin, près du puits, des oiseaux se disputent à grands cris. Ils semblent poursuivre quelque chose sur le sol. Nayah les arrose avec l'eau de sa **calebasse** et réussit à les chasser. Sur le sol, un petit animal essaye de ramper, traînant sa patte blessée.

Il est de la couleur du sable, et, quand elle l'attrape, il s'agrippe à ses doigts et devient rose comme la paume de sa main.
– C'est un caméléon, se dit Nayah. Le pauvre, comment pourrais-je l'aider ?
Il n'y a qu'une personne qui puisse le soigner. C'est Awa la magicienne.

Debout devant le **baobab**, Nayah se balance d'un pied sur l'autre sans trouver le courage d'entrer. Pourtant, il faut bien qu'elle se décide, car le caméléon faiblit de minute en minute.
– Awa Mbayé ? appelle-t-elle en s'approchant timidement.
À travers le rideau de perles qui camoufle l'ouverture, elle entrevoit dans la pénombre des pots sur des étagères et des bouquets d'herbes qui sèchent, suspendus au plafond.

– Qu'est-ce que tu veux ? demande soudain une voix sévère, juste derrière elle.
Awa Mbayé toise la petite fille de toute sa taille.
– Ah, tu es Nayah, la petite curieuse, lui dit-elle.
Nayah, effrayée, lui montre l'animal blessé qu'elle tient dans ses mains.
– Allez, entre donc, dit la femme, adoucie. Nous allons voir ce que l'on peut faire.
Posé sur un lit de feuilles, le caméléon respire à grand peine. Ses yeux sont à demi fermés et sa peau grise ne change plus de couleur.

Chapitre 2

Nayah se fait un ami

Dans un bol, Awa fabrique une crème à l'odeur bizarre. Elle montre à Nayah comment l'appliquer sur le caméléon.

– Il faut attendre à présent, lui dit-elle. Rentre chez toi.

Devant l'air déçu de Nayah, elle ajoute, plus doucement :

– Tu peux venir le voir quand tu veux, je te donnerai les herbes qui aideront à sa guérison.

Tous les jours, après l'école, Nayah va chez la magicienne pour s'occuper de son caméléon. Awa lui apprend aussi le nom des plantes et comment fabriquer des pommades ou des potions pour soigner les brûlures, le mal de ventre, les yeux irrités et plein d'autres choses encore. Le caméléon se porte de mieux en mieux, et peut de nouveau changer de couleur pour se cacher. Nayah l'emmène bientôt dans le jardin. Parfois, il disparaît, vert dans le vert des feuilles.

– C'est pas du jeu ! crie Nayah en riant. Montre-toi !

Alors une petite crête bleue apparaît, puis le corps, qui passe par toutes les couleurs quand Nayah le reprend dans sa main, heureuse de le retrouver.

Un jour, alors que Nayah s'apprête à sortir de chez elle, le ciel se remplit de nuages menaçants. Des roulements de tonnerre se font entendre au loin.
– Ne sors pas maintenant, lui dit sa maman, soucieuse, il faut laisser passer l'orage.
Tout le monde s'abrite, tandis que les éclairs zèbrent le ciel noir au-dessus des toits de paille. Les branches des arbres s'agitent dans tous les sens, secouées par la tempête. La pluie tombe si fort qu'elle entraîne tout sur son passage.

Le lendemain matin, le calme est revenu. Heureusement, il n'y a pas trop de dégâts dans le village. Hélas, le beau jardin de la magicienne est complètement détruit ! Nayah, accourue auprès d'elle, trouve la petite litière du caméléon vide. Elle le cherche dans la maison, puis dans le jardin, parmi les branches tombées et les amas de boue.
– Je t'en prie ! appelle-t-elle. Montre-toi !
Mais elle ne le trouve pas.
– S'il est parti, c'est qu'il est guéri, lui dit Awa. Et c'est grâce à toi.
Nayah est inconsolable.
– Je voulais tellement qu'il reste avec moi, dit-elle, la voix pleine de larmes.

Chapitre 3

Une surprise de toutes les couleurs

Les jours passent, mais le caméléon ne revient pas. Peu à peu, Nayah perd tout espoir. Quand elle se rend au puits, Awa la voit passer de loin, et lui fait signe. La petite fille, la tête basse, continue son chemin, songeant tristement à son caméléon, qu'elle ne reverra jamais.

La magicienne rentre alors en soupirant. Elle a de la peine pour Nayah, mais elle s'inquiète plus encore de la destruction de son jardin. Ses plantes étaient très rares, et il lui avait fallu des années pour les recueillir. Leur perte est un grand malheur pour les villageois, qui ne pourront plus lui demander de remèdes quand ils en auront besoin.

Un matin, quand Nayah sort de sa **case** pour aller à l'école, elle remarque soudain des petits points sur le sol, qui forment comme un chemin. Ce sont de drôles de graines qui changent sans cesse de couleur ! Le cœur de Nayah bondit. Elle les ramasse une à une. Le chemin la mène jusqu'au jardin d'Awa.

– Regarde ce que j'ai trouvé ! dit-elle à la magicienne, pleine d'espoir. Tu crois que c'est mon caméléon qui les a apportées ?

À ces mots, un grand coup de vent balaye les petites graines, qui s'envolent de ses mains, parsèment tout le jardin, et s'enfoncent dans le sol. Sous les yeux émerveillés de Nayah et de la magicienne, des petites pousses sortent de terre. Elles grandissent, grandissent… et deviennent des fleurs au parfum délicieux, des buissons couverts de baies, des herbes qui ondulent sous le vent léger.
– C'est extraordinaire, s'exclame Awa, il y a toutes les plantes dont j'ai besoin pour fabriquer mes remèdes !

Dans le grand **baobab**, une crête bleue surgit alors des feuilles… Nayah, riant de bonheur, voit son cher caméléon qui descend lentement vers elle, et se pose dans sa main tendue, comme un petit soleil de toutes les couleurs.

Fin

Le Sénégal

- **Continent : l'Afrique.**
- **Capitale : Dakar.**
- **Langue : le français.**

Le Sénégal se situe dans l'ouest de l'Afrique. C'est un pays plat, mais dont les paysages sont diversifiés : **savane**, brousse, forêt, désert, mangrove, sans oublier les nombreuses côtes, étant donné que le pays est bordé par l'**océan Atlantique**. La langue officielle du Sénégal est le français. Cependant de nombreuses langues sont parlées dans le pays. La majorité des Sénégalais parlent le **wolof**, la langue de l'un des peuples vivant au Sénégal.

L'école primaire

L'école maternelle existe peu au Sénégal. L'école est obligatoire à partir du primaire, à 5-6 ans. Bon nombre d'enfants y parleront français pour la première fois !

LE SAIS-TU ?

La moitié des Sénégalais vivent en ville.

« Bonjour » se dit *Salam aleikoum* en wolof.

Les 5 branches de l'étoile symbolisent l'ouverture du Sénégal aux **5 continents**. L'étoile représente aussi le ciel et les valeurs spirituelles du peuple sénégalais. Elle est verte en signe d'**espoir**.

Même à la campagne, les Sénégalaises apportent beaucoup d'importance à l'élégance de leurs vêtements.

Joue avec Nayah

Trouve le bon morceau pour compléter le dessin :

Réponse : 3.

Au cœur de l'histoire :

La vie rurale

Environ la moitié des Sénégalais vivent en dehors des villes. Il y a encore beaucoup de villages traditionnels faits de **cases**. Toutes les cases ne sont pas identiques : rondes, carrées, au toit plat ou en forme de cône…, leur style varie selon les peuples vivant au Sénégal. Dans ces villages, l'eau courante n'existe pas et un **puits** fournit de l'eau à tout le monde. Il faut donc aller en chercher régulièrement. L'accès aux **médicaments** n'est pas facile et les connaissances de plantes et de recettes traditionnelles pour se soigner sont donc précieuses. **L'école**, quant à elle, peut se situer loin de la maison et il faut alors marcher longtemps pour y arriver.

Les villageois élèvent souvent des animaux.

L'artisanat

La **vannerie** est une activité artisanale très répandue. C'est l'art de fabriquer des objets en tressant des tiges ou des feuilles. On peut réaliser ainsi des paniers de toutes tailles, des chapeaux, des parasols, des éventails, des bracelets… On peut **teindre** les tiges et les feuilles, ce qui permet ainsi de créer de jolis motifs lors du tressage.

Que ce soit dans la vannerie, le tissage, le travail du cuir ou du bois, l'artisanat sénégalais crée en majorité des objets du **quotidien**, qui serviront à travailler, à faire la cuisine ou à se vêtir. Les Sénégalais fabriquent aussi beaucoup d'objets à partir de matériaux récupérés !

Brésil

Isabela et la déesse de la Mer

Lexique

Salvador de Bahia

Ville située sur la côte est du Brésil.
Aussi appelée Salvador.

Yemanja

Déesse de la Mer au Brésil. Chaque année, une fête lui est consacrée. Elle a lieu un peu partout sur le bord de mer brésilien le 31 décembre. Mais à Salvador de Bahia, la fête a lieu le 2 février. Les gens qui lui offrent des cadeaux en les déposant sur la mer pensent que cela leur portera bonheur.

Un brigadeiro

Petit gâteau typique du Brésil, fait de lait condensé, de beurre et de chocolat. Dans la recette traditionnelle, il est saupoudré de chocolat, mais on le recouvre aujourd'hui de choses différentes: poudre de noix, de pistache, d'amande…

Chapitre 1

La fête de Yemanja

Isabela habite au Brésil avec sa famille. Comme chaque année, elle est invitée chez sa tante à **Salvador de Bahia** pour la fête de **Yemanja**, la déesse de la Mer. Tout le monde la prépare en fabriquant de petits cadeaux. Ils seront mis dans des paniers, que l'on posera sur l'eau pour qu'ils flottent jusqu'à la déesse. Si elle est contente, elle apportera le bonheur à ceux qui lui ont envoyé des cadeaux.

Isabela a beaucoup de cousins et cousines. Adrielle, la plus grande, s'occupe des enfants quand sa tante est débordée. Elle a dix-huit ans, elle est douce et gentille, et leur apprend à faire des colliers de fleurs.

Mais, cette année, Isabela trouve qu'elle a l'air triste. Un jour, elle lui demande pourquoi. Adrielle est amoureuse d'un garçon, Marcos. Il est parti très loin pour chercher du travail et ne pourra pas revenir avant longtemps à **Salvador**. Elle ne sait même pas quand elle le reverra.
– Mais ce sont des histoires de grands, dit-elle en soupirant. Va plutôt rejoindre les autres.

Le matin de la fête de **Yemanja**, tout le monde s'habille avec de jolis vêtements. Les filles ont des robes blanches à dentelles. Les garçons portent leurs plus beaux tee-shirts. Ils font résonner leurs tambours aussi fort qu'ils le peuvent et entraînent tout le monde jusqu'au bord de la plage en dansant.

La plage est couverte de cadeaux de toutes les couleurs, qui brillent sous le soleil. Il y a des **brigadeiros** délicieux – ces petits gâteaux saupoudrés de chocolat –, des fleurs en papier et d'autres jolis objets. Pour la grande déesse **Yemanja**.

Tout le monde est joyeux, sauf Adrielle, qui essaie de cacher sa peine. Isabela glisse sa main dans celle de sa cousine. Elles rejoignent les autres, qui entrent dans l'eau jusqu'à la taille pour pousser les paniers vers le large. Quand tous les paniers sont partis, il reste quelques fleurs qui flottent paresseusement sur les vaguelettes.

– J'espère que la déesse sera contente, pense Isabela, et qu'Adrielle retrouvera son fiancé.

Chapitre 2

Adrielle fait un voeu

Mais, les jours suivants, il ne se passe rien. Adrielle est toujours aussi triste.

– Comment faire pour l'aider ? pense Isabela.

Elle se souvient alors des bracelets porte-bonheur que son père lui a appris à faire. On fabrique une petite tresse avec des fils de couleur, et il faut faire un vœu en attachant celle-ci autour du poignet. Quand le bracelet est usé et qu'il se détache tout seul, le vœu se réalise.

Isabela achète des fils de couleur. Elle prend du rose pour l'amour, de l'orange pour la gaieté, du vert pour l'espoir. Il lui faudrait du bleu pour le bonheur, mais il n'y en a plus.

Elle revient de la boutique par la plage, le long des vagues qui viennent lécher ses pieds. C'est drôle, il y a un creux dans le sable, qui fait comme un chemin. Elle le suit pour s'amuser, jusque derrière un rocher. Là, le chemin s'arrête. Isabela s'assoit sur le sable. Elle regarde au loin la ligne bleue de la mer. Bleue comme le fil dont elle a besoin.

– Ah ! si la déesse **Yemanja** pouvait m'aider, dit-elle tout haut.

C'est alors qu'une vague plus grande que les autres s'écrase sur le sable. Isabela recule vivement, pour ne pas être éclaboussée. En se retirant, la vague a déposé quelque chose. Quelque chose de brillant. Ce sont de minuscules perles bleues qui scintillent au soleil. Quand Isabela les recueille dans le creux de sa main, elles brillent encore plus fort, et la petite fille comprend alors que c'est un cadeau de la déesse. Elle décide de les coudre sur le bracelet.

Quand elle l'offre à Adrielle, sa cousine ne croit pas que cela l'aidera à retrouver son fiancé. Mais elle fait quand même un vœu, pour faire plaisir à Isabela.
– Je voudrais tellement que Marcos revienne, pense-t-elle très fort.

Quelques jours plus tard, tout le monde se dit au revoir. Les vacances sont finies. Isabela embrasse tendrement sa cousine.
– N'oublie pas, chuchote-t-elle, il faut que le bracelet se détache tout seul !

Chapitre 3

Les perles magiques

Cela fait un mois maintenant qu'Isabela est rentrée chez elle. Elle n'a pas de nouvelles de sa cousine.
– Je croyais que ces perles étaient magiques, mais je me suis trompée, se dit-elle, désolée.

Un matin, avant de partir à l'école, elle entend le téléphone sonner. Sa mère répond, puis lui tend l'appareil, étonnée.
– C'est pour toi, dit-elle. C'est Adrielle.

– Je me suis réveillée un matin, raconte Adrielle, et j'ai vu que le bracelet s'était dénoué pendant la nuit. Bizarrement, toutes les perles avaient disparu. Rien de spécial ne s'est passé dans la journée. Mais, le soir, une voiture s'est arrêtée devant la maison… et Marcos en est sorti. Il m'a prise dans ses bras et m'a dit que tout était arrangé, et que rien ne pourrait plus nous séparer.

Isabela est très heureuse pour Adrielle. Elle comprend que les perles sont retournées à la mer. À **Yemanja**.

Revenue à **Salvador**, l'année suivante, elle retrouve le petit chemin le long de la mer. Elle s'assoit derrière le rocher. Au loin, elle entend le son des tambours, et elle chantonne.

– Merci, chère **Yemanja**, pour les perles de bonheur…

Une grande vague vient s'écraser à ses pieds… En se retirant, elle a laissé sur le sable des perles qui scintillent au soleil. Elles sont roses, cette fois-ci.

Fin

Le Brésil

- **Continent : l'Amérique.**
- **Capitale : Brasilia.**
- **Langue : le portugais.**

Le Brésil est le **5e pays** le plus grand du monde : il couvre la moitié de l'Amérique du Sud ! Dans le Nord se trouvent la forêt amazonienne, la plus grande **forêt tropicale** du monde, et le fleuve le plus puissant de la planète : l'Amazone. 85 % de la population habite pourtant en ville. La population brésilienne est d'ailleurs très **diverse** d'un point de vue ethnique et culturel, mêlant Blancs, Noirs, Amérindiens et Asiatiques, dont une part importante métissée.

Un climat agréable

L'essentiel du pays se trouve entre l'équateur et le tropique du Capricorne. Le climat est donc équatorial et tropical, c'est-à-dire doux ou chaud toute l'année.

LE SAIS-TU ?
Une quinzaine de villes dépassent le million d'habitants !

« Bonjour » se dit *Olá* en portugais.

Les 27 étoiles symbolisent les 26 États et le District fédéral qui composent le Brésil. Elles sont disposées comme l'étaient les **principales étoiles** dans le ciel de Rio de Janeiro (l'ancienne capitale) au moment **exact** où a été proclamée la République du Brésil : le 15 novembre 1889, à 20 h 30 !

L'inscription sur la bande blanche du drapeau est la devise nationale. Elle signifie « ordre et progrès ».

Joue avec Isabela

Quel est le bracelet qu'Isabela a fabriqué ?

1. 2. 3.

Réponse : 1.

Au cœur de l'histoire :

Les bracelets brésiliens

Les bracelets brésiliens sont des accessoires de mode incontournables au Brésil. Il en existe plusieurs sortes, mais deux d'entre elles sont très répandues. Tout d'abord, les **rubans porte-bonheur**. Ils sont de couleurs différentes et chaque couleur a une signification. Le bleu correspond par exemple à l'amour et le rose à l'amitié. Certaines personnes les portent, d'autres les accrochent aux grilles des églises en symbole de foi. La deuxième sorte de bracelet très répandue est faite de **fils de coton colorés et tressés** ensemble pour réaliser des motifs. En nouant le bracelet, on fait un **vœu**. Il ne faut plus défaire le nœud. Quand le bracelet est tellement usé qu'il se casse, on dit que le vœu se réalise. Ces bracelets sont maintenant populaires dans le monde entier et plus seulement au Brésil !

On peut également ajouter des perles sur les fils.

La tenue traditionnelle de Salvador de Bahia

Même si la plupart des femmes s'habillent de façon moderne, certaines portent encore aujourd'hui la tenue emblématique de Salvador de Bahia. Elle est faite d'une large **tunique brodée** (en général blanche), qui tombe sur un **très large jupon**, qui peut être blanc ou de couleur vive. La tunique est souvent resserrée à la taille par une ceinture, dont la couleur reprend soit celle du jupon, soit celle de la **coiffe**. Cette coiffe est une sorte de turban enroulé autour de la tête avec beaucoup d'élégance. De longs colliers qu'on superpose complètent en général le costume.

Royaume-Uni

Le carnet secret de Kate

Lexique

Londres

Capitale du Royaume-Uni.

La Tamise

Fleuve qui traverse la ville de Londres.

Bacon

Morceau de lard, coupé en fines tranches, qu'on fait revenir à la poêle. Il fait partie du petit déjeuner anglais traditionnel (avec les saucisses, les œufs, les toasts et les haricots sucrés).

Le marché aux puces de Portobello

Célèbre marché de Londres où l'on peut trouver toutes sortes de choses d'occasion (des vêtements, des bijoux, des affiches, de la vaisselle...), mais qui est surtout réputé pour ses antiquités.

Chapitre 1

Kate veut devenir écrivaine

Kate habite à **Londres**, non loin de **la Tamise**, avec ses parents et ses deux sœurs. Alison est l'aînée, Lily la plus petite. Kate se sent un peu laissée de côté, entre la grande qu'on admire, et la petite qu'on chouchoute. Heureusement, elle a une passion. Elle adore lire, et a décidé que, plus tard, elle serait écrivaine.

Ce matin, au petit déjeuner, elle se souvient d'un mot qu'elle a lu la veille et qu'elle n'a pas compris.
– Ça veut dire quoi, « pourpre », papa ? demande-t-elle.
Elle pose le **bacon** grillé sur le côté de son assiette, pour le croquer plus tard.

– C'est une couleur. Du rouge foncé, prononce dédaigneusement Alison.
Son père la regarde avec fierté.

Kate n'aime pas le ton que sa sœur prend pour lui répondre. Mais elle aime le son du mot « pourpre ».
Profitant de l'inattention de sa sœur, Lily, rapide comme l'éclair, saisit les morceaux de **bacon** sur l'assiette de Kate et les engouffre.
– Maman ! s'indigne Kate. Tu as vu ce qu'elle a fait ?
Comme d'habitude, sa mère fait vaguement un reproche à la petite dernière, et les choses en restent là.

Chaque jour, Kate note soigneusement sur des feuilles de papier tous les mots qui pourront servir au roman qu'elle veut écrire : l'histoire de « Katerina », une petite fille malheureuse, dont la vie renferme un grand mystère.

Tous les matins, elle invente les nouvelles aventures de son héroïne et les raconte à Olivia, sa meilleure amie, dans le bus qui les emmène à l'école. Mais le soir, quand elle essaie d'écrire ce qu'elle a raconté, tout s'embrouille dans son esprit, elle n'arrive pas à faire de belles phrases. Alors, elle se contente de continuer à noter les mots qui lui plaisent. Pour plus tard.
– Elle a été adoptée ? s'écrie Olivia, ce matin-là, les yeux écarquillés.
– Oui. Mais elle ne sait pas qui sont ses vrais parents. On a seulement découvert un morceau de velours pourpre dans son berceau quand elle a été recueillie, ajoute-t-elle.

Chapitre 2

Un étrange carnet

Ce dimanche, toute la famille se rend au **marché aux puces de Portobello**, où l'on vend des objets anciens. Alison déniche toujours des vêtements incroyables. Lily s'amuse de n'importe quelle bricole en plastique, son père découvre des livres rares et sa mère, des vases ou des tasses décorées. Kate, elle, revient toujours bredouille, car elle n'arrive jamais à se décider.

Un peu à la traîne, elle laisse errer son regard sur les choses étranges disposées sur les étals.
– Cela t'intéresse ? Je te fais un prix, si tu veux, entend-elle soudain.
– Non, je…, balbutie Kate.

Puis elle regarde l'objet que lui tend la marchande. C'est un ravissant calepin, recouvert de velours…
– Pourpre, pense Kate à haute voix.
À ces mots, le tissu soyeux se met à luire d'une étrange façon.

En rentrant, personne ne questionne Kate sur ses achats. Chacun est persuadé qu'elle n'a rien trouvé, comme d'habitude. Curieusement, elle n'a pas envie de les détromper. Ce sera son secret. Ce carnet est exactement ce qu'il lui faut pour écrire son roman.

Chaque soir, quand elle se retrouve seule, elle contemple les jolies pages blanches qui semblent l'attendre. Mais elle n'arrive pas encore à se lancer.
– Je commence demain, se dit-elle à chaque fois, avant de le ranger.

Un matin, une horrible surprise l'attend dans la cuisine. Sa grande sœur tient ses feuilles de papier entre les mains, et lit à haute voix ses notes à ses parents. Kate, le visage décomposé, bondit sur sa sœur.
– Chérie…, dit sa mère en s'élançant pour la retenir.
Kate saisit les feuillets, les déchire en mille morceaux, puis s'enfuit dans sa chambre. Sa mère, désolée, tente de lui expliquer qu'il ne faut pas le prendre mal. Mais Kate ne veut rien entendre. Désespérée, elle range son beau carnet au plus profond d'un tiroir. Son rêve est brisé. Plus jamais elle n'écrira. Dans le bus, Olivia s'étonne que son amie reste silencieuse.
– Et Katerina… ? commence-t-elle.
– Katerina ? Elle est morte ! répond Kate avant de se tourner contre la fenêtre.

Chapitre 3

Joyeux anniversaire !

Quelque temps plus tard, quand arrive le jour de son anniversaire, Kate suit les préparatifs d'un œil indifférent. Sa mère a confectionné un magnifique gâteau, son père essaye de la faire rire par ses plaisanteries, et Alison sourit mystérieusement. Lily s'agite sans comprendre pourquoi les grands ont l'air si bizarre.

C'est le moment des cadeaux. Kate, le cœur gros, ouvre le premier paquet. Un magnifique stylo doré brille au milieu de son écrin.

Kate lève des yeux étonnés sur sa mère, qui la regarde avec un sourire plein de fierté.
– Pour ma fille, qui sera une grande écrivaine, murmure-t-elle avant de l'embrasser.
Les yeux embués de larmes, Kate découvre peu à peu tous les présents.

Son père lui a acheté un dictionnaire de poche, pour qu'elle puisse l'emporter partout. Alison, une ravissante blouse en dentelle.

– Une écrivaine doit être élégante, affirme-t-elle.

Lily fourre dans les mains de Kate un petit chien en plastique qui fait « couic » quand on appuie dessus.

– Et elle doit jouer, aussi, dit-elle en se précipitant dans ses bras.

Le soir, assise sur son lit, Kate contemple ses cadeaux, et va chercher son carnet dans sa cachette. Elle caresse la belle couverture de velours avec une joie mêlée de tristesse.

– Tout cela ne servira à rien, se dit-elle en soupirant. Puisque je n'arrive pas à écrire mon histoire.

C'est alors qu'il se passe une chose incroyable. Le velours se met à briller plus intensément que jamais, et le carnet s'ouvre lentement… Émerveillée, Kate voit alors apparaître des mots sur les feuilles blanches, puis des phrases, qui racontent l'histoire de Katerina, comme elle l'avait imaginée ! Kate s'empare de son stylo et continue l'histoire sans plus d'hésitation. Les mots justes lui viennent, les phrases parfaites se déroulent, exactement comme elle le souhaitait.

C'est Olivia qui va être contente, quand elle saura enfin ce qui arrive à la malheureuse Katerina. Pas si malheureuse que ça, en fait !

Fin

Le Royaume-Uni

- **Continent : l'Europe.**
- **Capitale : Londres.**
- **Langues : l'anglais.**

Le Royaume-Uni se compose de l'**île de Grande-Bretagne** (qui comprend l'Angleterre, l'Écosse et le pays de Galles), de la partie nord de l'**île d'Irlande** et de nombreuses petites îles. Il y a donc beaucoup de côtes avec des ports, des falaises, des plages, mais aussi des campagnes verdoyantes, des châteaux et de belles villes.

Un roi ou une reine

Le pays est une monarchie, ce qui signifie que le pays a un roi ou une reine à sa tête. Actuellement, il s'agit d'une reine, Élisabeth II, qui a plus de 90 ans !

« Bonjour » se dit *Hello* en anglais.

LE SAIS-TU ?
Les habitants du Royaume-Uni s'appellent les Britanniques.

Le drapeau du pays réunit les drapeaux de 3 des 4 nations qui forment le Royaume-Uni : l'Angleterre, l'Écosse et l'Irlande du Nord. La 4e nation est le pays de Galles.

Les bus rouges à 2 étages sont un des symboles de Londres.

Joue avec Kate

Quel est le carnet que Kate a acheté ?

1. 2. 3.

Réponse : 2

Au cœur de l'histoire :

Londres

La capitale du Royaume-Uni est une grande ville **animée** où se côtoient de magnifiques musées, de grandes tours modernes, de belles demeures à colonnades, de petites maisons colorées comme dans la rue de Portobello… Chaque rue est **différente** ! Les grands parcs, dans lesquels vivent des écureuils, des oies, des canards…, font le bonheur de tous. Mais la star de la ville reste **Big Ben**, qui est connue dans le monde entier. On surnomme ainsi une des tours du palais de Westminster, mais c'est en réalité la plus grosse cloche qu'elle contient qui porte ce nom. Le palais se visite, mais seuls les habitants du Royaume-Uni ont le droit de voir la cloche – et à condition d'avoir pris rendez-vous !

Les célèbres cabines de téléphone rouges sont maintenant peu utilisées à cause des portables.

L'uniforme

Au Royaume-Uni, l'école primaire commence généralement à **5 ans**. Presque toutes les écoles imposent de porter un uniforme. Chacune a le sien, avec des couleurs différentes. Cet uniforme comporte un pantalon ou une jupe, une chemise ou un polo, un pull, des chaussettes et, pour certaines écoles, une veste et une cravate. Même pour les cours de **sport**, tout le monde porte la même tenue ! Le polo de l'école et un pantalon de jogging ou un short selon les écoles et la saison.

Les autrices

Nadja

Aimant autant illustrer qu'écrire des histoires, Nadja est l'autrice de plus d'une soixantaine d'albums, tour à tour drôles et émouvants, dont le célèbre *Chien bleu*.
Elle prête aujourd'hui sa plume et son univers poétique à la collection Minimiki.

Julie Camel

Illustratrice, Julie Camel travaille pour l'édition et crée aussi des cartes postales. Sa formation de styliste lui permet d'imaginer de jolis habits et des doudous, aussi bien sur le papier qu'en vrai, car elle aime leur donner vie en les cousant, pour le plus grand bonheur de ses enfants. Ses personnages sont à son image :
tout en douceur.

Minimiki :

une douce ouverture sur le monde

Les collections Minimiki sont nées d'une envie profonde des Éditions Play Bac : faire découvrir le monde aux plus jeunes, dans toute sa beauté et sa diversité. Avec plus de 20 pays présents dans les différentes collections, l'émerveillement change de visage à chaque fois !

Car, à travers les continents, pour chaque pays abordé, c'est une petite fille différente qui porte l'histoire. Chaque récit comporte un ancrage culturel, qui se trouve aussi bien au cœur de l'histoire que dans ses détails. Pour autant, la vraie force de ces histoires est sans doute de parler des émotions que les enfants ressentent, de façon universelle. Une peur à surmonter, une dispute entre amis, la poursuite d'un rêve… les sujets sont ceux qui préoccupent les enfants.

Les illustrations sont en accord avec les textes : des personnages modernes, vivants, aux visages doux, qui répondent à des histoires contemporaines abordant des thèmes légers ou sérieux, mais toujours de manière douce. Des illustrations qui sont également émaillées de références visuelles à la culture du pays.

Cette culture est aussi présente dans les motifs employés pour les illustrations et pour l'habillage des pages des livres. Ces motifs, créés pour la plupart par une styliste textile, suivent la même ligne éditoriale : ils réinterprètent des codes graphiques emblématiques d'un pays (des imprimés textiles, mais aussi des éléments floraux, animaliers ou architecturaux) de manière contemporaine… et charmante !

Découvre le monde avec Minimiki

mini miki
DÉCOUVRE LE MONDE

Des histoires

Des carnets créatifs

Japon Tahiti Inde Russie Espagne Brésil États-Unis Amérique Jordanie

Chine Groenland Sénégal Italie Royaume-Uni Maroc Portugal Grèce Suède

Martinique France Danse classique Danses du monde Mariées du monde Robes du monde Carnavals du monde

Des boîtes surprises

Des cahiers de stickers

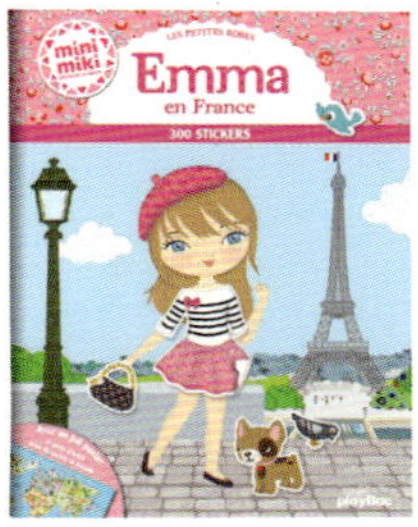

Des cartes à gratter

Crédits photographiques :

AdobeStock : p. 113 blacklionder (balalaïka) et Girgory Bruev (matriochkas), p. 185 ego450 (Big Ben).
Fotolia : p. 59 kazoka303030 (repas), p. 94 Alena Yakusheva (Petra), p. 149 Beatrice Preve (case).
Hemis : p. 131 Roy Philippe (poisson séché).
iStockphoto : p. 77 DNY59 (pancake), p. 149 kinemero (paniers).
Shutterstock : p. 23 Subodh Agnihotri (souffleur de verre) et Andrew Mayovskyy (canal), p. 41 Vladislav T. Jirousek (Aborigène) et structuresxx (kangourous), p. 77 Bob Pool (cow-boy), p. 95 H1N1 (oud), p. 113 Studio 72 (musiciennes), p. 131 evgenii mitrochin (Inuits), p. 167 Arthur Matsuo (bracelets) et Anna ART (Bahianaises), p. 185 New Africa (écolières).

Nous tenons à remercier pour leur contribution à cet ouvrage :

M. Baudry, J.-L. Broust, M. Coulombeau, F. Gourreau, C. Liauté et A. Luques pour Le Cercle digital, C. Malézieux, K. Marigliano, N. Michelotto, C. Onnen, M. Seger.
Et Charlotte Segond-Rabilloud pour la création des motifs.